動画で学ぶ

保育における子どもの遊び

「遊び込む」ための
保育者の援助のポイント

高橋健介 著

中央法規

はじめに

　現在、日本の保育・幼児教育は大きな転換期を迎えています。学校教育での学びに対する捉えが変わろうとしているなかで、保育・幼児教育と小学校の学びの接続を円滑にし、小学校で今後さらに進めようとしている主体的、探究的な学びの基盤を育めるよう、保育・幼児教育が子どもたちの豊かな経験の場になっていくことが期待されているのです。保育・幼児教育としての大きな可能性やその専門性が注目され、問われようとしているのです。

　また、日本においても多様性を大切にする社会へと変容していくため、さまざまな試みがなされようとしています。保育・幼児教育においてもこのような社会とつながり、また社会に開かれたものとなっていく必要があります。保育・幼児教育で、多様性に対する理解やその姿勢を育んでいくことがとても大切になってきているのです。

　さらに保育・幼児教育では、現在、保育者の働き方の改善が大きな課題になっています。働き方の改善においては、保育の質に密接につながるノンコンタクトタイムの確保が大事になってきています。保育者の働き方の改善に向けた取り組みは、働き方そのものを見直すことも大切ですが、むしろ、多様性を重視する集団保育を安定しておこなうことが重要です。保育者自身が安心して集団保育に取り組み、担当する子ども一人ひとりの育ちや学びの理解から、保育者としての仕事に対する誇りとやりがいをもてるようになってほしいのです。

　私自身、保育の質の向上と保育者の働き方の改善、これらを両立していくことは、集団保育に対する考え方やその取り組みによって、難しさはありますが、実現の可能性はあると考えています。その具体的な取り組みが、本書で紹介する「遊び込むや探究に向けた保育・幼児教育」であり、「子どもの主体性や多様性を重視した集団保育」なのです。本書では、これらの実践を、その理論とともに、26 本の動画（1歳児クラス〜5歳児クラス）を通して伝えることができればと思っています。ぜひ、保育実践の質向上にむけた取り組みへの参考にしていただければと思っています。それとともに、ぜひ保育者の働き方についても考える機会にしていただければと思っています。

　第2章の「お互いの保育を見合う園内研修」で収録した動画20 本（Chapter 1〜20）のほとんどは、遊びと集まりの場面が15 分ほどで構成されています。保育の音声（保育者と子どもの声）を収録していますので、第2章の各実践の解説と併せて、ご視聴いただければと思っています。解説でのそれぞれの保育における保育者の意図やこれまでの子どもの姿などを理解のうえ、ご視聴いただくことで、各動画の保育実践や子どもの姿の意味を、より深

く理解することができます。

　第3章の「オンライン公開保育」では、オンライン公開保育のダイジェスト版（Chapter 21〜26）を6本、各約50分を収録しました。この動画では、オンライン公開保育当日に各園の先生と筆者が実況と解説（対話実況）をおこなったその音声を収録しています。第3章で各オンライン公開保育の解説も掲載していますが、各園の保育やこれまでの子どもの姿などの解説を聴きながら、視聴することが可能となっています。

　26本の保育実践の動画とその解説が合わさったこのような書籍は、これまではほとんどなかったかと思っています。今回、出版社のサーバーを活用することや各園の協力で、これだけ多くの動画を皆さんにお届けすることが可能になったのです。保育実践は、複雑で多様な営みなので、動画を通して学ぶことは、これからの保育の学び、保育者の専門性の探究に、大きな可能性があると思っています。保育現場での研修、個人の研修、養成校での授業、研究会などでぜひご活用していただければと思っています。

　動画の視聴にあたっては、タブレットやスマートフォンでご視聴される方は、各 Chapter の最初のページ右上にある QR コードからご視聴ください。パソコンやパソコンにつないだプロジェクタ（ディスプレイ）などでご視聴される方は、10 頁にある URL（Web サイトのアドレス）からご視聴ください。

　動画に収められた保育者の援助や子どもの遊びの姿は、これまでに各園や保育者が培ってきた保育の一場面ではありますが、日本の保育・幼児教育の豊かさを表す貴重な資料でもあります。これらの実践を多くの方々に紹介できるとともに、新しい時代の保育・幼児教育や保育者の専門性向上にむけた学びを、少しでも豊かにする一助になるようでしたら幸いです。

高橋健介

CONTENTS

第3章
オンライン公開保育による保育者の新たな学びの創出

本書に掲載されているQRコードのアドレス

第1章

遊び込むや
探究に向けた
保育者の援助

Step 1
子どもが遊び込むとは

1. 遊びと遊び込むについて

　近年、保育・幼児教育において、遊びとは分けて、遊び込むという言葉が用いられるようになってきています。なぜ、遊び込むが用いられるようになってきているのでしょうか。2018 (平成30) 年から施行されている幼稚園教育要領、保育所保育指針などでは、これまでと同様に遊びが重視されています。その一方で、幼児期の育ちと小学校の学びとの接続が大きな課題になっています。つまり、幼児期の遊びを通した育ちによって、小学校での学びへと円滑に接続していくことへの期待が大きくなってきているのです。し

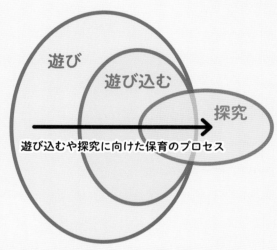

図 1-1　遊び込むや探究に向けた保育のプロセス

かしながら、遊びの捉え方は多様であり、子どもが自発的、主体的に取り組む活動のほとんどが遊びと捉えられています。そこで、特に小学校との接続期に必要とされる遊びへの共通の捉え方が必要になってきたのです。

　現行の要領・指針から導入された「幼児期の終わりまでに育ってほしい姿」の「自立心」では、「身近な環境に主体的に関わり様々な活動を楽しむ中で、しなければならないことを自覚し、自分の力で行うために考えたり、工夫したりしながら、諦めずにやり遂げることで達成感を味わい、自信をもって行動するようになる。」と明記されています。つまり、単に楽しく遊ぶだけではなく、考えたり、工夫したりしながら、遊びを継続し、自身の目標に向けてやり遂げようとすることが、接続期の遊びにおいて考慮する必要があるのです。広い意味での自発的、主体的な遊びを前提としながらも、接続期に向けて、図 1-1 のように、遊びから発展した捉え方が必要になってきているのです。そして、それが遊び込

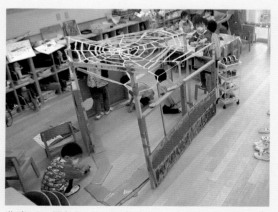

遊び込み、探究する子ども（5 歳児クラス 10 月／ Chapter 1）

むことなのです。

そこで本書では、遊び込むを、「子どもが何らかの目標をもち、それに向けて遊びを継続し、発展させ、やり遂げようとすること」と定義します。

では、遊び込むことは、幼児期の子どもにおいても可能なことなのでしょうか。現代の子どもたちは、かつての子どもたちのように異年齢の自立した子ども集団で日々遊ぶことはほとんどありません。よって、異年齢集団において遊びを主体

クモの巣に関心をよせる子ども（5歳児クラス9月／Chapter 1）

的に学ぶ経験はほとんどなく、多くの子どもは、遊びを通して自ら学ぼうとする力やその姿勢を育んでいません。よって、現代の子どもたちが遊び込むに至るには、子どもだけの力では難しいといえるでしょう。子どもが遊ぶことから遊び込むへと展開していくためには、図1-1のように、保育のプロセスが必要です。つまり、保育者の援助が大切になるのです。

さらに、遊び込むことは、さまざまなものやことに関心をもち、知的好奇心を働かせたり、深く考えようとしたりするといった探究にもつながっていきます。遊ぶことから遊び込むへと展開し、さらに遊び込むことによって探究へと展開していくのです。中坪史典（2023）[1]は、「主体的、対話的で深い学び」を幼児教育と小学校教育の親和性として捉え、この「深い学び」と関連して、「探究活動こそ幼児教育と小学校教育を架橋し、保幼小接続を展望するキーワードになり得る」と言及しています。つまり、保育・幼児教育においても、探究する力やその姿勢を育んでいくことが必要であり、そのためにも遊び込むことが大切なのです。では、遊び込むことや探究、そしてそれに向けた保育がこの時代になぜ必要になってきているのでしょうか。

2. VUCA な時代を生きる子どもたち

私たちが生きているこの時代やこの先の時代においても、VUCA な時代が続いていくといわれています。つまり、いまの子どもたちは将来にわたって、VUCA な時代を生きていくことになります。VUCA とは、Volatility（変化のしやすさ）、Uncertainly（不確実さ）、Complexity（複雑さ）、Ambiguity（曖昧さ）の頭文字をとった言葉で、予測が難しく複雑で不確かな時代を意味しています。よって、これからも子どもたちを取り巻く環境はめまぐるしく変化していくことが予測されます。子どもの時に学んだり、身につけたりした知識や技能が、その先の人生において活かしていけるのか、わからなくなってきているのです。

今後さらに VUCA が進んでいくような難しい時代であっても、子どもが自分らしく、自信をもって人生を送れるような力を育むことが必要になってきています。グローバルな見地からの調査・研究を通して、各国の教育施策に提言をする OECD（経済協力開発機構）は、

VUCAな時代を生きる子どもに必要な資質・能力として、エージェンシー（Agency）を重視しています[2]。OECD（2019）において、エージェンシーは「変化を起こすために、自分で目標を設定し、振り返り、責任をもって行動する能力」と定義されています。つまり、子どもは教師から指示されたことをこなしていくのではなく、実現したい未来を自分で考え、それに必要な変化に向けて自分で行動できる資質・能力が大切になってきているのです[3]。

魚のパタパタ図鑑をつくり上げた子ども
（5歳児クラス 11月／Chapter 24）

　子どもが人生を歩んでいくこれからの世界を見通して、保育・幼児教育においても、エージェンシーを育んでいく必要があります。創意工夫しながら、自ら学んだり、考えたり、そして表現したりする力を育むことが大切になってきています。そのためには、自ら目標をもち、実行し、やり遂げようとするプロセスが大事であり、そのプロセスにふさわしいのが幼児期においては遊び込むことなのです。VUCAな時代を生きてゆく子どもだからこそ、遊び込むことが必要になってきているのです。

3. これからの時代の学びに向けて

　2021（令和3）年1月に、幼稚園教育要領や保育所保育指針などの次の改訂（定）に大きく関連してくる中央教育審議会の答申が出されました[4]。答申では、「『令和の日本型学校教育』の構築を目指して〜全ての子供たちの可能性を引き出す、個別最適な学びと、協働的な学びの実現〜」と題され、これからの学校教育での学びのあり方が示されました。本答申では、まずはこれまでの学校教育が高度経済成長期の社会からの要請もあって、「みんなと同じことができる」「言われたことを言われたとおりにできる」ことが重視されてきたことを省みています。そのうえで、子どもを取り巻く環境の変化に応じていくため、これからは「個別最適な学び」と「協働的な学び」を充実させていくことをめざしています。つまり、現行の学習指導要領で重視している「主体的、対話的で深い学び」をさらに進め、子どもの多様性を重視した主体的、探究的な学びへと転換していこうとしているのです。

対話を通して学び合う子ども（4歳児クラス 11月／Chapter 9）

　これからの学校教育において、子どもを主体とする「個別最適な学び」や「協働的な学び」が機能していくためには、保育・幼児教育の役割は大きいです。小学

校教育の前段階である保育・幼児教育においても、保育者の指示どおりにできる、みんなと同じようにできるといったことを重視するよりも、自ら目的をもって考えたり、表現したりするような力やその姿勢を育んでいくことが大事になってきています。また、仲間と協働して学ぶ、特に対話を通して学び合う、その基盤を育んでいくことも必要になってきています。つまり、このような経験の具体的な子どもの姿が遊び込むことなのです。学校教育での学びのあり方が転換し、子どもの主体性や多様性を重視する学びが機能していくためにも、遊び込むや探究に向けた保育・幼児教育が大切になってきているのです。

4. 多様性の理解に向けて

　図1-2 は、2022（令和4）年11月に文部科学省が公表した「いじめの認知件数の推移」[5]を表したグラフです。2013（平成25）年にいじめ防止対策推進基本法が施行されたことで、いじめが認知されやすくなり、その件数が増えてきていることもあります。しかし、2016（平成28）年からの小学校でのいじめの認知件数の増え方は顕著です。

　その原因は多様であり、小学校の課題は大きいのですが、保育・幼児教育においてもこの課題について考慮する必要があります。つまり、原因の一つとして、保育・幼児教育において、多様な子どもそれぞれの良さや違いを認め合うような経験が少なく、多様性への理解やその姿勢が十分に育まれていないのではないかということです。保育・幼児教育においても、先の項で述べたように「保育者の指示どおりにできる」「みんなと同じようにできる」ことのほうに、いまだに重心が置かれている可能性があります。

　遊び込むや探究に向けた保育・幼児教育は、子どもそれぞれが自身の興味・関心にもとづいて遊びを深めていくものであり、子どもの多様性が重視されることになります。さらに、遊び込むことで表れる子どもそれぞれの姿、思いを保育者や子ども同士が認め合うことで、それぞれの良さや違いを理解し合うことにつながっていきます。

　つまり、保育・幼児教育で多様性への理解やその姿勢を育み、小学校において、多様な他者を認めながら、安定した自己を発揮していけるようになるためにも、幼児期において、子どもそれぞれが遊び込むことやそれに向けた保育が大切になってきているのです。■

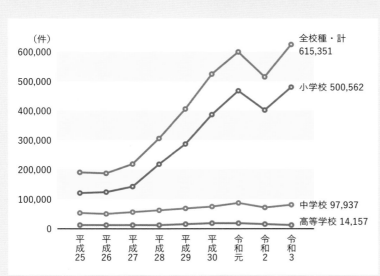

図1-2　いじめの認知件数の推移　　　　　出典：文部科学省

Step 2
遊び込むや探究に向けた 保育者の援助

　幼児期の子どもが遊び込み、探究することへの基盤を育むには、保育者の援助が大切です。保育者が物的環境を整えることで、子どもが遊具などのものとかかわって遊ぶことはできるかもしれません。しかし、遊ぶことから遊び込むへと展開していくためには、さらに何らかの援助が必要になってきます。

　また、複数の子どもがともに生活する集団保育では、ある一部の子どもだけが遊び込めることをめざしているわけではありません。クラスのほとんどの子どもがそれぞれの遊びを通して、遊び込めるようになっていくことが大切なのです。よって、子どもの主体性や多様性を重視する集団保育を想定したうえで、子どもそれぞれが自らの関心にもとづいて遊び込めるようになることが大事であり、それに向けた援助を考えていくことが必要なのです。さらに、子どもが遊び込むための前提として、子どもそれぞれが安心し、情緒が安定することも考慮する必要があります。子どもが情緒的に安定することと遊び込むこと、これらを両立させるための援助を考えなければならないのです。

　集団保育において、子どもそれぞれが遊び込むことには難しさもありますが、保育者の援助によって、遊び込むに向けたプロセスへと進んでいきます。遊び込むことは、さらに探究に向けたプロセスへと展開していきます。つまり、遊びと探究を分けるのではなく、先の図1-1のように、遊びの延長線上に探究があってほしいのです。

　子どもが遊び込み、そして探究に向かうための援助には、保育者としての専門性が必要であり、これからの時代の保育・幼児教育の可能性が問われようとしています。そこで本書では、遊び込むや探究に向けた保育者の援助を検討するにあたり、右記の4点を援助のポイントとして掲げます。

それぞれの場で遊び込む子ども（4歳児クラス 12月／Chapter 4）

遊び込むや探究に向けた保育者の援助のポイント

❶ 素材や道具を用いてつくること
❷ 集まりでの遊びの振り返り
❸ 情報の活用
❹ 見取りと読み取りによる継続した援助

　ポイント❹での「見取り」については、Step 6（34頁）に詳細がありますが、保育の際に保育者が子どもを関心をもって、意識的に見るということです。保育者は、まずは子どもを見取ることで、その子どもに対して見守るのか、かかわって援助するのかなどを判断します。いわば、見取るとは、保育者の援助行為の根幹であり、保育者の専門性を顕著に表す行為なのです。そこで本書では、「見る」ではなく、保育現場でもよく用いられている「見取る」をあえて使用します。

　これら援助のポイントとなる4点は、これまでの日本の保育、特に遊びの援助においては十分に取り入れられてこなかった事項になるかもしれません。しかし、単に遊ぶということから遊び込むや探究に向けて、さらに主体性や多様性を重視する集団保育を安定しておこなっていくためには、大切な援助のポイントなのです。次節からは、この4点のポイントを通して、遊び込むや探究に向けた保育者の援助について考えていきます。

コラム❶ 遊び保育論を構築した小川博久

　小川博久（1936〜2019）は、保育・幼児教育としての遊びや保育者の援助のあり方を研究し続けてきました。その研究成果は、『保育援助論』（2010、初出は2000）[6]や『遊び保育論』（2010）[7]などにまとめられています。小川理論と呼ばれるこの保育理論の特徴は、子どもの多様な遊びを重視する集団保育においても、担当するどの子どもも取り残さず、保育者の見取りや必要な援助を保障しようとするものです。つまり、子ども一人ひとりを大切にすることをスローガンとして語るのではなく、実際の保育に活かしていくための方法論を構築しようとしたのです。

　本書では、小川理論である製作コーナーをベースとした保育者の見取りや援助、保育者と子どもとの見る―見られる関係などの知見をもとに、遊び込むや探究に向けた保育および主体性や多様性を重視する集団保育を検討してきました。本書とともに、小川博久の『保育援助論』『遊び保育論』をご一読していただければと思います。■

『保育援助論』と『遊び保育論』

Step 3
素材や道具を用いてつくること

1. 幼児期の遊びにおいてつくること

　幼児期の特徴的な遊びの一つとして、見立てがあります。そのなかでも2〜3歳頃によく見られるのが、遊具などからイメージして見立てるといった「もの見立て」です。積み木を電車、花はじきをご飯、人形を赤ちゃん、ダンボール箱を自動車に見立てるなど、もの見立てでは、子どもが実際にあるものを見たり、かかわったりすることでイメージが生起され、見立てることで、ごっこ遊びへと展開していきます。このようなもの見立てによる遊びを通して、子どもはイメージする力を育んでいきます。

　このような経験を経て、保育環境によっては、3歳以降の子どもに多く見られるのが「つくり見立て」です。もの見立てとは違い、つくり見立ては、その多くはイメージが先にあります。ラーメンをイメージして色画用紙を細く切ってみたり、新幹線をイメージして牛乳パックをテープでつなげてみたりと、子どもが見たこと、経験したことをイメージし、つくることで具体的に表現していきます。多様な素材からつくって表現することを通して、イメージする力とともに、考える力や表現する力を育んでいくのです。

　さらに、つくり見立てを通して子どもが見たこと、経験したことを表現し、それを積み重ねていくことは、子どもがさまざまなことやものに対して関心をもって見ようとしたり、知ろうとしたりする姿勢を育んでいきます。つまり、知的好奇心につながる大切な経験なのです。また、仲間とつくることは、イメージや目的を共有したり、一緒に作業したりすることで、そのプロセスを通して協同性を育んでいくのです。

　つくり見立ては、積み木やブロックなどの遊具が用いられることもありますが、色画用紙、空き箱などの素材や、ハサミ、テープなどの道具を用いることで、子どもが工夫して表現し、子どもそれぞれの多様な経験やそのイメージを引き出すことをより可能にします。子どもの遊びでのつくる行為は、そのほとんどがつくり見立てであり、遊びが発展し、遊び込むや探究につながっていくための大事な経験なのです。

　小川博久（2010）においても、「ごっこ遊びを活性化するためにはつくり見たて・・・・・・が幼児によって絶えず行われることが要件でもある。つくり見たてとは、ごっこ遊びを行なう幼児が、粘土を固めて型を

温泉で見たししおどしをつくった子ども
（2歳児クラス8月）

抜きそれをクッキーに見たてる、あるいは、タコヤキ屋をやるのにみんなで紙を丸めて、色をぬってタコヤキに見たてるなど、つくることでイメージをつくりあげること」[8]と述べているように、つくり見立てによって、イメージすることを発展させていくのです。

仲間とつくった納豆（4歳児クラス10月／Chapter 5）

日本の保育では、遊びの際に、多様な素材や道具が置かれ、それらを子どもが自由に選択して使用できる環境は、まだ少ないのが現状です。その一方で、現行の3法令（幼稚園教育要領、保育所保育指針、幼保連携型認定こども園教育・保育要領）の「幼児期の終わりまでに育ってほしい姿」における「豊かな感性と表現」では、素材に関する内容が記載されるようになりました。素材を用いて表現することについて、以下のように記載されています。

> 心を動かす出来事などに触れ感性を働かせる中で、様々な素材の特徴や表現の仕方などに気付き、感じたことや考えたことを自分で表現したり、友達同士で表現する過程を楽しんだりし、表現する喜びを味わい、意欲をもつようになる。

このように3法令においても、感じたことや考えたことをさまざまな素材を用いて表現すること、つくることを重視するようになったのです。これからの保育において、特に遊び込むや探究へと展開していくためには、遊具だけではなく、つくることを活発にする多様な素材や道具を大切な保育環境として位置づけることが必要になってきています。

2. つくる場としての製作コーナー

子どもがイメージし、そして必要な素材を選び、じっくりつくることのできる製作コーナーは、遊びを重視する保育（特に3歳児クラス以上の保育）においては大切な保育環境になります。つくることを積み重ね、遊び込むや探究につなげていくためにも、遊びの際には製作コーナーを常設し、子どもが自由に素材や道具を活用できるようにすることが大切です。

製作コーナーのテーブルは、いくつかのテーブルをつなげて大きくするなど、多くの子どもがスペースを保ちながら、囲んで座れることが大切です。子どもにとって、それぞれのつくる姿をお互いに見て、感じられることが刺激になるからです。それとともに、同じように手を動かして作業するその同調性が、この場での居心地のよさになっていきます。保育者にとってもテーブルを大きくすることで、そこにいる複数の子どもを見取りやすくなります。また、多くの子どもに対してつくるモデルを示しやすくなります。製作コーナーにおいて、子ども同士、そして子どもと保育者がお互いに見る－見られる関係（37頁に詳述）

つくる場としての製作コーナー（4歳児クラス10月／Chapter7）

製作コーナーの棚（4歳児クラス10月／Chapter 7）

になることで、子どもそれぞれが安定してつくることに取り組めるようになるのです。

　製作コーナーの棚は、子どもが必要とする素材や道具を選んで取り出せることが大切です。選べることで、つくるプロセスにおいて、子どもの工夫やこだわりが引き出されるからです。色画用紙、折り紙、空き箱、スズランテープなどの多様な素材やハサミ、セロテープ、ノリなどの道具を整理して置くことで、選んで取り出しやすくなります。選んで取り出しやすくすることは、子どもが使ったものを自分で片づけることにもつながります。また、ビニールテープ、スズランテープ、色ペンなどは、なるべく多くの色を用意します。自身のイメージや発想に近い色を子どもが選べることが大切なのです。

　3歳児クラスからは、その時のクラスの状態にもよりますが、ハサミを使うことで、イメージをより具体的に表現したり、表現の仕方を広げたりすることができます。その一方で、特に安全面には考慮する必要があります。ハサミを使い慣れない子どもが多い時期は、ハサミを使える場を製作コーナーに限定することが有効です。また、保育者が管理しやすいよう、製作コーナーで使用できる本数を制限することも大事です。

　このような時期は、なるべく保育者が製作コーナーにいて近くで見守りながら、不慣れな子どもと一緒にやってみたり、使い方のモデルを示してみたりすることで、徐々に安定してハサミを使えるようになっていきます。

つくるモデルとしての保育者を見る子ども
（4歳児クラス10月／Chapter 7）

3. 場をつくること

　子ども自身が大型積み木、テーブル、いす、つい立、ゴザなどを使って、フリースペースにお店屋さん、お家、キャンプ場といった場をつくることは、特に仲間と協同して遊び込むことにつながっていきます。場をつくる作業のプロセスでその空間をイメージして言葉で伝え合ったり、一緒につくったりすることを通して、目的やイメージの共有がはから

保育室での場づくり（5歳児クラス10月／Chapter 21）

れていくからです。遊び込むに向けた多様な展開を促していくためにも、子どもが場をつくりやすいよう、あえてフリースペースを設けておくことが必要です。さらに、大型積み木、つい立、いす、テーブルなど、場づくりに使いやすいもの、子どもでも運びやすいものを準備しておくことが必要です。クラスには、ものづくりから遊びを深めていく子どももいれば、場づくりから遊びを深めていく子どももいるのです。

　4・5歳児クラスでは、イメージした場をつくり、そこを拠点に仲間と遊びを展開していくことが多くなります。遊び込むや探究に向けて、あえてフリースペースを広めにとっておくことで、場づくりによる協同的な遊びが盛んになります。一方、限られた空間のなかで、子どもが仲間とつくる場の位置やその境など、子ども同士で場の調整をすることが難しいこともあります。それぞれの場の位置など、保育者が先を見通しながら必要に応じて調整していくことも大切な援助です。

　園庭のような広い空間では、場をつくり、そこも拠点とすることで仲間と協同して遊び込むことにつながっていくことが考えられます。田中謙・池田幸代（2021）の研究[9]では、ある幼稚園の園庭に保育者のナレッジマネジメント（知識を共有して活用することで、新たな知識を創造しながら経営を実践すること※）によって導入された持ち運びのできる複数の木製遊具（長方形の板、切込みの入った丸太、直角に組み合わせた板）を用いて、子どもが場をつくり、その場を拠点に仲間と協同的な遊びを展開していく姿があります。

　これまでの園庭での遊びは、オニごっこやボール遊びなどの身体を大きく動かす遊びや自然や身近な動植物とのかかわりが中心で、子どもがつくり出し、遊び

園庭での場づくり（4歳児クラス11月／Chapter 9）

※出典：野村総合研究所ホームページ

込むことは環境的な要因としての難しさがありました。今後は、園庭においても場をつくり、その場を拠点とすることで遊び込むことや探究に展開していくことが期待されます。本書では、Chapter 9、Chapter 12、Chapter 23 において、園庭での場づくりを通して遊ぶ子どもの姿を紹介しています。

コラム❷ 居場所としての製作コーナー

　製作コーナーは、子どもがつくりたいものをつくる場としての機能が大きいのですが、それとは別に子どもの居場所としても大切な機能を果たしています。遊び出しに戸惑った子ども、仲間との遊びに入りにくかった子どもにとって、まずは製作コーナーで座り、そこを居場所にしたり、遊び出したりすることができるからです。

　さらに、製作コーナーに保育者がいることで、特にその両隣が安心して過ごせる場になります。保育者があえて不安そうにしている子どもをこの場に導くことも大切な援助です。製作コーナーでは、保育者や他児が作業する手の動きをじっと見ていた子どもがしばらくして、自ら素材や道具を取り出し、つくり出す姿がよく見られます。

居場所としての製作コーナー（3歳児クラス2月／Chpter 11）

　小川博久（2010）においても、「幼児の多くがとりつきやすい場を室内に求めるとすれば、それは製作コーナーなのである。なぜなら、人間関係を結ばなくともモノとかかわれる場所だからである。しかも、そこに保育者がいることで、幼児にとって人とモノと空間が結び付いた形で、幼児一人ひとりにとっての環境を主体的に構成しやすい場になる」[10] と述べるように、子どもの遊び出し、特にもの（素材や道具）を用いてつくり始めるプロセスに、製作コーナーの機能を重視しています。

　また、製作コーナーを居場所として位置づけるならば、この場はつくるだけではなく、一人で絵本を読む、パズルをするなども認めていくことが大切です。まずは、子どもが安心しながら、つくる子どもや保育者と場を共有することに意味があるのです。

　状況にもよりますが、特別な支援が必要な子どもが、担任保育者のいる製作コーナーを居場所とすることで、安心して自分の好きなことや自分のペースで作業をすることもあります。そのことで、担任保育者や他児と場を共有し、お互いを見合ったり、かかわり合ったりする機会になります。インクルーシブな保育をめざすにあたっても、製作コーナーの居場所としての機能は、注目していきたいところです。　　　■

Step 4
集まりでの遊びの振り返り

1. 遊びを振り返ることの意味

　子どもが遊びを継続し、発展させ、遊び込むことに向かうプロセスには、図1-3のように、遊ぶ⇒振り返る⇒見通す（期待する）⇒遊ぶ、といった遊ぶことと振り返ることの循環が必要です。日をまたいで遊びを継続していくことを想定するならば、日々の集まりにおいて、子どもが遊びを振り返り、先を見通すようになっていくことは大切です。

　さらに、集まりで、子どもが遊びで楽しかったこと、工夫したことを保育者や他児に伝えたい、また、集まりで他児から聞いたことを翌日の遊びで試してみたい、といったように遊びと集まりが別々の活動ではなく、子どもの側からも関連づけられていくことで、遊びとともに集まりでの対話も活性化していきます。

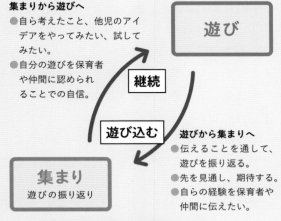

集まりから遊びへ
● 自ら考えたこと、他児のアイデアをやってみたい、試してみたい。
● 自分の遊びを保育者や仲間に認められることでの自信。

遊びから集まりへ
● 伝えることを通して、遊びを振り返る。
● 先を見通し、期待する。
● 自らの経験を保育者や仲間に伝えたい。

図 1-3　遊びと集まりでの振り返りの関係

　中原淳（2018）は、ジョン・デューイのいくつかの著書から、デューイの人間に対する理解について整理し、その一つとして「『経験』に対するリフレクション（反省的思考）を通して、人間は知を形成することができる」[11] ことを上げています。さらに、デューイが経験と学びとの関係について言及した以下の言葉を紹介しています [12]。

We don't learn from experience. We learn from reflecting on our experience.

　このように、デューイは、経験を振り返ることによって学びになることを言及しています。遊びとしての経験も、それを振り返ることで学びへとつながっていくのです。遊びをアクティブラーニングの一つの形態と位置づけるならば、遊びの振り返りは欠かせないのです。

2. 子どもにとっての集まりでの振り返り

　子どもにとって、集まりで遊びを振り返ることの意味とは何でしょうか。1つめに考え

園庭でみつけた氷を紹介する子ども
（4歳児クラス1月／Chapter 10）

られることは、自分のことを保育者や他児から関心をもたれたい、理解してもらいたいといった幼児期ならではの欲求を満たす機会になることです。このような機会が、クラスのすべての子どもに時々に、例えば1週間に少なくとも1回はあることで、子どもそれぞれの安定やクラス全体の安定につながっていきます。

　2つめは、子どもが自身の遊び、特に工夫したことやこだわったことを伝えることができ、それを保育者や他児から認められることです。この積み重ねは、子どもそれぞれがお互いの良さや違いを認め合い、自信を育んでいくプロセスになります。集まりの場面に限らず、遊びやその後の個別のかかわりにおいて、保育者から認められることも大きな意味があります。

　3つめは、集まりにおいてイメージしたこと、考えたことを言葉にすることで、言葉の育ちを促す機会になることです。2018年におこなわれたOECDの保育者を対象にした調査[13]では、「人生を生き抜くために育てたいスキルや能力」において、日本の保育者は「話し言葉の技能」「論理的思考力」に関して重視していると答えた人が、諸外国の保育者と比較して、とても少なかったのです。深く考えたり、考えたことを言葉にしたりすることが現在の日本の保育・幼児教育では、十分に位置づけられていないことがうかがえます。しかしこれからは、幼児期においても、自身の思いや考えを言葉にする、そしてその力を育んでいくことが大切になってきているのです。

　幼児期の子ども、特に3〜4歳頃は、自分のタイミングで思ったことや感じたことを言葉にします。つまり、つぶやくのですが、このつぶやきは自身の思いや考えを言葉にしていくことの基盤になります。保育者は、できる限り、子どものつぶやきにも応答し、未熟であっても、思ったことや感じたことを素直に言葉にできるよう、状況に応じて認めていくことが大切です。

　また、集まりで子どもが遊びのことを言葉にする際に、つくったものや探索して見つけたものなどを介することで、伝える子どもにとっても、それを聞き応答する子どもにとっても言葉にしやすくなります。その一方で、ごっこ遊びやオニごっこなど、具体物を介して伝えることが難しい遊びもあります。これからは、このような遊びの際に、その姿をタブレットなどで記録し、その写真や動画を用いて情報を共有することも大切になっています。

　そして4つめは、子どもにとって集ま

タブレットを活用した振り返り
（4歳児クラス10月／Chapter 6）

りでの振り返りは、自分とは違う他児の思いや考えに出会う機会であり、多様性を理解するプロセスになることです。自分の遊びに対する他児の考えを聞くことで、遊びが深まっていくことがあります。一方で、他児の考えを取り入れ活かすこともありますが、当事者の子どもがその考えを取り入れるかどうかを自分で判断することが、特に大事になります。他児の意見に押されてしまうことがあるので、保育者としては、まずは当事者の子どもの考えを尊重しながら、他児の意見を取り入れるかどうかを判断できるよう支えていくことが大切です。

3. 保育者にとっての集まりでの振り返り

　集まりでの遊びの振り返りは、保育者が保育をおこなうにあたっても意味があります。その1つは、集団保育において子どもたちは多様な遊びを展開するため、保育者は担当する子どもすべてを十分に見取れるわけではありません。集まりでは、保育者が見取れなかった子どもの話を聞くことで、この日のこの子どもの遊びについて知る機会になります。つまり、集団保育における見取りの補完になるのです。

　2つめは、ある遊びを保育者が見取っていたとしても、その子どもがどんな思いで遊びに取り組んでいたのか、その内面を十分に理解できるわけではありません。集まりで、子どもの言葉を聞くことで、その子どもが抱いていた思いや葛藤などを知る機会になります。つまり、子どもの内面の理解の補完につながります。

　遊びの場面において、例えば、ある子どもがこれまでには見られなかった工夫をするなど、保育者は当事者以外の子どもが知らないことを、見取って知っていることがあります。集まりでは、当事者の子どもにとっても、それ以外の子どもにとっても意味があると思われることを、子どもに確認しながら、保育者の判断で取り上げることがあります。あえて共有することが大切だからです。

　子どもによっては、その思いとは別に、伝える行為に消極的だったり、言葉で伝えることが難しい子どももいます。このような場合でも、保育者が補いながらその子どもの遊びのことを伝えたり、時には保育者が伝えることが大切です。保育者が見取ったことをもとに伝えればいいのです。要は、自らが伝えることが難しい子どもにとっても、保育者を介して、クラスの仲間に自分のことを理解され、認められる機会があることが大切なのです。

　集まりでの振り返りを、先に見取りの補完と位置づけましたが、その一方で、集まりでの遊びの振り返りがより機能していくためには、遊びの際に、保育者がなるべく多くの子どもを見取れており、多様な子どもの出来事により気づいている

ラーメンづくりを実演する子ども
（4歳児クラス10月／Chapter 5）

ことが大切です。このような保育者の見取りによる情報があることで、子どもそれぞれの工夫やこだわりが保育者を介して多くの子どもに伝わり、クラスの多様な子どもたちがお互いを認め合うことにつながっていくのです。

4. 形成的アセスメントとしての集まりでの振り返り

　世界的にも子どもの主体的、探究的な学びやその子どもなりの学び方が重視されてきています。そのようななかで、学びに対する評価は、ある一定の方法で評価し、総括する総括的アセスメントから、学びのプロセスの途上でその都度評価し改善をはかる形成的アセスメントに転換してきています。

　有本昌弘（2008）は、形成的アセスメントの形成的（フォーマティブ）の意味について注目し、フォーマティブには「現状を超えて形を変えたり、形が変わる（変容する）の意味があり、『形成力』や『形成作用』は児童生徒の発達と成長にとって重要なもの」[14]と述べ、子どもの学びを自らが形づくることによる変容と捉え

形成的アセスメントとしての遊びの振り返り
（5歳児クラス10月／Chapter 3）

ます。さらに、形成的アセスメントについて、「『大人が意思決定者になる』というよりは、生徒自身のニーズが満たされた将来の努力に向けて学習プロセスに直接寄与できる『生徒自身が意思決定者である』という点が際立ってきた」[15]と言及しています。つまり、形成的アセスメントは、学びのプロセスにおいて、子どもの主体性が発揮され、さらにそれを育んでいくための評価法と捉えることができます。

　ニュージーランドで開発されたラーニングストーリーも形成的アセスメントの考えに依拠しています。ラーニングストーリーによって、可視化された学びをその都度子どもにフィードバックし、子ども自身が学びを振り返ることで、自分らしさやその良さに気づき、アイデンティティを育んでいくことをめざしています。2018（平成30）年に内閣府が日本、韓国、アメリカ、イギリス、ドイツ、フランス、スウェーデンの満13歳から満29歳までの男女におこなったインターネット調査[16]では、諸外国と

「私は、自分自身に満足している」

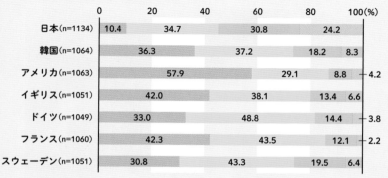

	そう思う	どちらかといえばそう思う	どちらかといえばそう思わない	そう思わない
日本(n=1134)	10.4	34.7	30.8	24.2
韓国(n=1064)	36.3	37.2	18.2	8.3
アメリカ(n=1063)	57.9	29.1	8.8	4.2
イギリス(n=1051)	42.0	38.1	13.4	6.6
ドイツ(n=1049)	33.0	48.8	14.4	3.8
フランス(n=1060)	42.3	43.5	12.1	2.2
スウェーデン(n=1051)	30.8	43.3	19.5	6.4

図 1-4　2018年度 我が国と諸外国の若者の意識に関する調査　出典：内閣府

比較し、日本の若者は自分自身に満足していると答えた人はとても少なかったのです（図1-4）。日本の教育の場においても、形成的アセスメントによって、子どももそれぞれの良さが認められ、アイデンティティを育んでいくような取り組みが必要になってきています。

思いやイメージを伝え合う子ども（3歳児クラス9月／Chapter 13）

　形成的アセスメントについて、数々の研究論文を発表しているディラン・ウィリアムが論じた[17)][18)]効果的な形成的アセスメントの方法を整理すると、以下の4点が上げられます。それは、❶フィードバック、❷学習者（子ども）も評価の主体者、❸短期的なサイクル、❹ピア評価です。特に、子ども自身が評価の主体者であることや、クラスの仲間とのコミュニケーションをともなうピア評価を重視していることが、これまでの評価観を転換するものとなっています。ウィリアムが言及する効果的な形成的アセスメントの方法は、子どもの主体的、探究的な学びを重視するこれからの学校教育においても有効な評価方法になり得ると考えます。

　では、ウィリアムが提唱する形成的アセスメント、つまり子どもの主体性が発揮され、それが育まれる評価は、日本の保育・幼児教育ではどのような取り組みにその可能性があるのでしょうか。この4つの要素を含み込む取り組みとして考えられるのが、本節でも扱ってきた集まりでの遊びの振り返りです。

　集まりでの遊びの振り返りでは、子どもが自身の遊びを保育者や他児に伝えることでフィードバックし、自らが遊びを評価することになります。さらに、集まりは日常的なものであり、その時々に取り上げられることで、短期のサイクルでおこなわれることになります。そして、集まりでのある子どもの遊びに対する他児のさまざまな反応がピア評価にあたるのです。幼児の場合は、興味や関心をもって他児がつぶやいたり、身を乗り出して見ようとしたりすることなども、当事者の子どもにとっては意味のあるピア評価になるのです。よって、保育者は他児のつぶやきや他児が身を乗り出して見ることも、幼児期のピア評価の言動として、時には認めていくことが大切なのです。

　幼児期においても、子どものそれぞれの良さが認められ、アイデンティティを育んでいくためにも、集まりでの遊びの振り返りを形成的アセスメントとして位置づけ、実践していくことが大切になってきているのです。

身を乗り出して見る子ども（2歳児クラス8月／Chapter 15）

コラム❸ デューイによる子どもの探究へのプロセス

　現在、日本の学校教育においても重視され、取り組まれているアクティブラーニング、探究的な学び、協同的な学び、問題解決学習など、数多くの子どもを主体とする学習形態は、ジョン・デューイの思想から多大な影響を受けています。特に、探究的な学びは、小学校教育と幼児教育をつなぐ学びの形態として、注目されているところです。デューイによる子どもが探究に向かうプロセスについて、上野正道（2022）の『ジョン・デューイ　－民主主義と教育の哲学』では、子どもの興味に関する4つの観点から、以下のように論じられています[19]。

> 　第一の「対話的コミュニケーションへの興味」とは、他者との会話や交流、さまざまな意見や情報のやりとりをとおして生まれるものである。人は、経験を他者と共有することによって視野を広げていく。第二に、「制作への興味」とは、何かをつくったり、何かをしてみたいと思ったりする興味のことである。第三の「探究への興味」は、何かを発見することに向けられる。それは制作への衝動と対話への衝動の両方を経験するプロセスで生じる。（中略）そのうえで、何かを表現したいという、第四の芸術的な表現への興味がある。

　つくってみたい、やってみたいといった「制作」と、経験を他者と共有する「対話」との両方が充実していくことで、子どもが探究へ向かうプロセスへとつながっていくことが考えられます。Step 3 では、幼児期の子どもが自らつくることやその援助について論じてきました。さらに Step 4 では、集まりでの遊びの振り返りにおける子どもと保育者、子ども同士の対話について論じてきました。それらは、それぞれに大きな意味をもつものではありますが、この両方があり、そして積み重ねていくことで、子どもは探究へと進んでいくのです。つまり、幼児期の子どもが遊びから遊び込み、そして探究へとつながっていくためにも、つくることと対話することを、保育環境や保育者の援助によって導いていくことが大切なのです。　■

忍者のマスクをつくる子ども
（4歳児クラス12月／Chapter8）

つくった忍者の道具を介した対話
（4歳児クラス12月／Chapter8）

Step 5
情報の活用

1. 遊びの豊かさと情報の活用

　本節で取り上げる情報とは、幼児期の子どもがかかわる情報として、社会体験や自然体験などの実体験から得られる情報に重きを置いていますが、そのような情報に限定することなく、図鑑やインターネットなどのさまざまなメディアから得られる情報も含んでいます。幼児期の子どもは、自身を取り巻く環境から得た多様な情報を活用することで、遊びを豊かに展開し、深めていくことができるからです。

　かつての子どもたちの生活には、地域の大人の仕事や生活を実際に見て、感じ取る機会が多くありました。また、地域での遊びでは、異年齢の子どもとかかわることが多く、年長の子どもの遊びやその振る舞いを見たり、一緒におこなったりすることで、学ぶことが多かったのです。このような地域での経験が、園での子どもの遊びの題材になったり、遊び方の工夫につながったりして、子どもの遊びの豊かさの基盤になっていたのです。

　しかし現代の子どもは、園などで過ごす時間が長くなり、地域で多様な経験をする機会がとても少なくなっています。また、家庭での生活は、インターネットやゲームなど、戦いや架空のキャラクターなどの情報に触れることが多くなっています。これらも遊びにつながる情報ではありますが、題材としては限定的なものになります。つまり、現代社会において、子どもが豊かな遊びを展開できるためには、園の活動として、多様な実体験をしたり、遊びの豊かさにつながるような情報に出会ったりすることが必要になってきているのです。

　現行の幼稚園教育要領においても、「幼児期の終わりまでに育ってほしい姿」の「社会生活との関わり」の後半部に、情報の活用について以下のように記載されています[20]。

園外保育で行った水戸駅をつくる子ども
（4歳児クラス2月／Chapter 26）

園外保育で取集した資料（4歳児クラス2月／Chapter 26）

幼稚園内外の様々な環境に関わる中で、遊びや生活に必要な情報を取り入れ、情報に基づき判断したり、情報を伝え合ったり、活用したりするなど、情報を役立てながら活動するようになるとともに、公共の施設を大切に利用するなどして、社会とのつながりなどを意識するようになる。

　このように、幼稚園や保育所などの園内外の活動で得た情報を活用することで、遊びや生活を豊かに展開していくことが大切になってきているのです。したがって、遊び込むに向けた保育をおこなうには、遊びを構成していく物的な環境に注目するとともに、遊びの題材のもととなる情報にも、園の生活や活動において子どもがどう出会っていくべきかを考えていく必要があります。

2. 園外保育のあり方をめぐって

　幼児期において、実際の経験から得る情報を重視するのであれば、園外保育のあり方が大事になってきます。これまでの園外保育は、日常の遊びとは別の活動として位置づけられてきました。園以外（家庭など）での経験によって、園での遊びのイメージが戦いやキャラクターなどに偏り過ぎているようであれば、遊びの豊かさにつなげていくためにも、園外保育は子どもの関心を広げるような経験や、

園外保育で秋を探しに（4・5歳児クラス　10月／Chapter20）

子どもの関心事に関連するような経験ができるよう設定することが大切です。
　その一方で、園外保育はクラス全体の活動であり、またはある一部の子どもの関心に応じた活動であった場合、クラスの子どもたちに園外保育の活動は、どのように位置づくのかという疑問が生じます。先に紹介した上野正道（2022）の『ジョン・デューイ－民主主義と教育の哲学』では、デューイの子どもの「経験」に対する考えについて、以下のように論じられています [21]。

　　「経験」が「アクティブ（能動的）な要素」と「パッシブ（受動的）な要素」の両方を含むと想定されていることである。デューイによると、能動的なものとは「試みること」や「実験すること」であるのに対し、受動的なものとは「被ること」である。（中略）デューイのいうアクティブな経験が示唆するのは、パッシブ（受動的）な学びに代わって、アクティブ（能動的）な学びを取り入れることではない。それは、アクティブ－パッシブな経験から新たな目標に向けた成長へとつないでいくものである。

　つまり、アクティブな経験を重視するにしてもそれが活かされるためには、パッシブな

経験が必要であり、その両方があることで子どもの豊かな学びにつながっていくことが考えられるのです。Chapter 2の動画で紹介する5歳児クラスの保育では、恐竜をテーマに遊び続ける一部の子どもの関心をきっかけに、クラスの園外保育で、恐竜の模型などの展示がある自然科学館に行くことになります。

多様な参加の仕方で恐竜展の準備をする子ども
（5歳児クラス2月／Chapter 2）

　この園外保育をきっかけに、クラスで恐竜展をすることになるのですが、子どもたちは、恐竜のお話（紙芝居）をつくったり、お土産屋さんをするために衣装やグッズをつくったりするなど、それぞれの関心のあることや参加の仕方で取り組みます。クラスの他児の関心を受け入れることで、視野が広がり、子どもそれぞれの、そして協同での活動が深まっていきます。デューイのいうような「アクティブ－パッシブな経験」になっていったのです。

　クラス全体の活動としての園外保育は、多くの子どもにとってはパッシブな経験になります。しかし、パッシブな経験はそれぞれの遊びや関心事が広がっていったり、つながっていったりすることで、遊び込むや探究に向けた大事な経験になるのです。

3. メディアによる情報の活用

　子どもにとって、図鑑やインターネットなどの情報に関しては、実際に経験することが難しいものが多いのですが、このような情報を保育・幼児教育では、どのように扱っていくべきかという課題があります。Step 1で取り上げた子どものエージェンシーに関連する近年の議論[22)]では、そもそもエージェンシーは他者や地域とのかかわりによって育まれると考えられていますが、それが地域レベルのエージェンシーから個人レベルにつながったり、社会レベルから地域レベルにつながったりするなど、エージェンシー

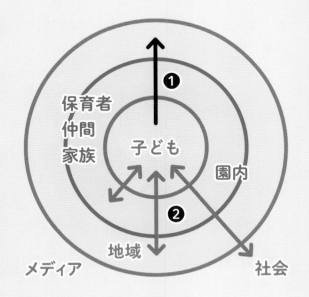

図1-5　子どもの関心や学びの広がり

は、個人、地域、社会との相互の往還関係のなかで育まれていくと考えられるようになってきています。つまり、図1-5の❶の矢印のように直線的に子どもとの関係が広がってい

くのではなく、❷の矢印のように行きつ
戻りつを繰り返し、そのことを通して、子
どもが主体性を発揮しながら情報や環境
とのかかわりを広げ、遊びや学びを展開
していくのです。したがって、子どもが出
会うべき情報は、実際の経験から得る情
報とともに、図鑑、インターネットなど
のメディアによる情報も、遊びや学びを
構成していくための貴重な環境なのです。

　遊び込むや探究に向けたこれからの保
育では、園外保育などによる実体験をカ
リキュラムにどう位置づけていくのかと
ともに、保育環境として、図鑑やインタ
ーネットなどのメディアをどう活用して
いくのかも大事な課題になってきていま
す。もちろん絵本などの物語も遊びの題
材になり、遊びの豊かさにつながるもの
ですが、5歳頃からは、恐竜、忍者、深
海の生き物、危険生物、宝石など、実際
に見ることは難しいけれど実在している
（していた）ものが遊びの題材として関心が

図鑑を見ながらティラノサウルスをつくる子ども
（5歳児クラス10月／Chapter 1）

家で調べた温泉マークを共有する子ども
（4歳児クラス10月／Chapter 7）

高くなっていきます。これらは、この時期の子どもたちの知的好奇心を刺激するとても興
味深い題材なのです。

インターネットでクモの巣のことを調べる子ども
（5歳児クラス6月）

　　　　　　図鑑やインターネットなどのメディア
による情報やその収集は、園内の取り組
みに限定する必要はありません。時には、
あえて子どもが家庭で保護者と一緒に調
べてみることをすすめることも大切です。
メディアによる情報収集においても、保
護者と連携や協力していくことで、子ど
もの自然や社会への関心が広がり、情報
を収集するための環境も広がっていくの
です。

コラム❹ 放送教育の活用

　園における子どもの情報とのかかわりについて、NHK・Eテレの番組を放送教育として活用する取り組みもあります。番組の内容によっては、子どもが身近な自然環境や社会環境に関心をもち、視聴後に遊びに取り入れ、表現することで、生き物の生態や社会の仕組みなどを知ろうとする姿勢を育むことになります。

　めいほう幼稚園（旭川市）の山本健太（2022）による実践研究[23]では、探究的な遊びにつながる経験として、インターネットを通じてNHK・Eテレの番組を視聴しています。5歳児クラスでは、2週間に1回ほど、生き物の生態を題材にした『しぜんとあそぼ』をクラスのみんなで視聴しています。また、めいほう幼稚園では、日常の保育において、子どもがイメージしたことや遊びに必要なものを多様な素材からつくり出すことを大切にしています。

　筆者が2023（令和5）年1月にめいほう幼稚園を見学した際にも、5歳児クラスが『しぜんとあそぼ』の冬の生き物（クリオネなど）をテーマにした番組を視聴していました。この番組では、クリオネがゆったり泳ぐ場面の他に、捕食や排せつの場面もあり、クリオネの生態を子どもにもわかりやすく伝えています。特に、クリオネが頭部の形を変え、ミジンウキマイマイという小さな巻貝を捕食する場面では、多くの子どもが驚きの声を上げていました。

　番組の視聴後は、保育室で自由に遊ぶ時間になったのですが、クリオネを素材やブロックでつくったり、クリオネになるための衣装をつくったり、クリオネの図鑑やキーホルダーをつくったりするなど、クリオネを題材につくって遊ぶ子どもの姿がありました。特に、捕食するクリオネに興味があったようでその様子を表現していました。日頃より、つくって遊ぶことを積み重ね、そこに放送教育による情報があったことで、つくって遊ぶことが知的好奇心や探究心につながっていったのです。　■

さまざまな方法でクリオネをつくって表現する子どもたち（5歳児クラス1月）

Step 6
見取りと読み取りによる継続的な援助

1. 保育における見取りと読み取り

　保育における子ども理解は、計画、環境構成、援助などの一連のカリキュラムマネジメントのなかでも特に大切な取り組みです。子ども理解をベースにしたカリキュラムマネジメントによって、保育の改善がはかられ、保育の質の向上が進んでいくのです。子ども理解は、保育中に子どもを見取ることと、主に保育後に子どもの姿から読み取ることによって進められます（図1-6）。

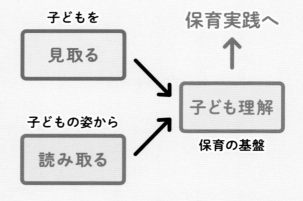

図 1-6　**子ども理解としての見取りと読み取り**

　保育の最中に、子どもの状態を直観的に把握し、援助していくことは大事なことです。しかし、このような状況に応じた対応に頼るだけではなく、冷静に読み取った子ども理解をもとに保育を展開していくことが、特に遊び込むや探究に向けた保育では大切です。見取りと読み取りによる子ども理解をベースにした援助が日々循環し、継続していくことで、子どもそれぞれが安定して遊びに取り組み、深めていくことができるのです。

2. 集団保育における子どもの見取り

　子どもを見取るとは、保育場面において、保育者がかかわったり、俯瞰したりしながら、子どもを見てその姿（様子）を把握することです。見取ることで、その子どもの立場に応じた子ども理解につなげていくという意味では、子どもに対して関心をもち、意識的に見るということになります。

　このような保育者の見取りは、子どもにとっても大きな意味があります（図1-7）。子どもは、保育者が関心をもって見ている、見守っていると気づいたり、それを感じたりすることで、安心して自分の遊びに取り組めるのです。保育者から離れて遊ぶ子どもが、時々保育者がいると思われる場へ振り向く姿があります。保育者の位置や姿を確認しようとしているのです。その意味では、保育者は動き過ぎないほうが多くの子どもにとっては保育者

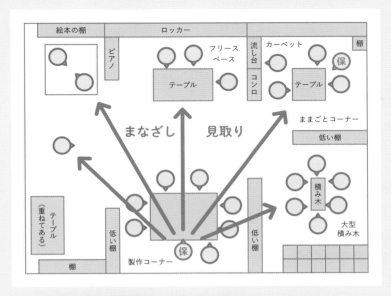

図1-7 保育室全体を俯瞰して見取る保育者

を確認しやすく、安心して自分の場で遊び続けることにつながっていくのです。

集団保育では、限られたある一部の子どもを見取れればよいというわけではありません。1・2歳児クラスなどのチーム保育においても自身が担当する場にいる子どもだけではなく、時には、それ以外の場にいる子どもにも関心をもち、視線を上げて見取ることが必要です。なぜなら、チーム保育においても、どの保育者からも離れて自分の遊びに取り組もうとする子どもがいるからです。

つまり、クラスのなるべく多くの子どもを保育者が見取れることやそのための環境が大切なのです。保育者が子どもたちを見取り、多くの子どもが見守られていると実感できるためには、保育者の保育環境における位置や身体の向きが重要になってきます。保育者はなるべく壁などを背にして、子どもたちが居る場に身体を向け、近くの子どもとかかわりながら、離れた場にいる子どもにも関心をもって、見取っていくことが大切です。

また、各コーナーも背の高い棚やつい立では仕切らず、低い棚やマットなどで分けたほうが、保育者は保育室全体を見取りやすくなります。また、どの子どもにとっても保育者の位置や姿を確認しやすくなるのです。

小川博久（2010）は、保育室での保育において、保育者がさまざまな場で遊ぶ子

さまざまな場で遊ぶ子どもを見取る保育者
（4歳児クラス12月／Chapter 4）

どもたちを見取りやすい場として、製作コーナーの機能を以下のように論じています[24]。

離れた場の子どもを見取る保育者
（2歳児クラス8月／Chapter 15）

　製作コーナーに座す保育者は、製作コーナーの幼児たち一人ひとりの活動への「見とり」と「援助」を行ないながら、製作コーナーの幼児たち一人ひとりが自らの課題に取り組み、目線を自らの作品に向け、手を動かしている状態を見はからって（それはいいかえれば、今、この製作コーナーの幼児は保育者を必要としないと判断されたときである）、ままごとコーナーの幼児たちの動きやブロックでの基地遊びの子どもを「観察の目」でとらえておくのです。

　製作コーナーの子どもは、保育者が近くにいることで安心してものとかかわり、つくり続けるといった状況になりやすいので、その時、保育者は視線を上げ、離れた場で遊ぶ子どもそれぞれが見取りやすくなります。一方、ごっこ遊びに保育者がかかわる際には、ごっこ遊びのイメージに入り込んでかかわることになるため、その場から保育室全体を俯瞰することは難しくなるのです。よって、製作コーナーは、小川博久のいうように「観察の目」で子どもそれぞれを捉えやすい場になります。つまり、集団保育において多様な子どもそれぞれを保育者が見取る場としては、とても有効な場なのです。

製作コーナーから子どもを見取る保育者（4歳児クラス1月／Chapter10）

さらに小川博久（2010）は、保育者がつくるモデルを示したり、子どもを見取ったりすることや、子どもが保育者を見て安心したり、保育者の動きを見てまねてみること、このような保育者と子どもの見る－見られる関係が築かれることについて、以下のように述べています[25]。

> 保育者の存在がつくる活動を生み出した発信源であるとともに、幼児たちは保育者の動きに引きつけられると同時に保育者から送られるまなざしによって見守られることになるのである。

子どもと保育者の見る－見られる関係は、集団保育において、保育者から離れた場にいる子どもそれぞれに対しても安心のベースになります。見る－見られる関係は、多数で多様な子どもに対する集団保育を、保育者が安定しておこなうための基盤となる関係なのです。

3. 子どもの姿から読み取ること

子どもの姿から読み取るとは、ノンコンタクトタイムなどに、保育者が保育での子どもの姿を振り返り、子どもの言動の意味について考えることです。保育における省察と同様の意味になります。ノンコンタクトタイムとは、勤務時間内に休憩時間とは別に、子どもから離れる時間のことです。ノンコンタクトタイムに、落ち着いて子どもの言動を振り返り、その意味を探ることで、子ども理解が深まっていくのです。

読み取りでは、具体的には、見取った子どもの姿から、その子どもの興味・関心、思い、葛藤などの内面、人や環境とのかかわりといったその子どもが置かれていた状況などについて考えます。その子どもの育ちに関する理解や課題などについて考えることもあります。その方法は、保育者自身が反芻したり、保育記録をとったり、同僚とのカンファレンスなどによっておこなわれます。

カンファレンスでは、他者の多様な視点や読み取りに出会うことで、子どもの多面的な理解につながっていくのです。子どもの姿から読み取ることは、あわせて、その先の保育、特にその子どもへの援助についても考えることになります。保育の際の見取りだけでなく、保育後に読み取ること、つまり子ども理解をもとに保育をおこなっていく、この循環が機能することで保育の質の向上がはかられていくのです。

カンファレンスで振り返る保育者
（4歳児クラス12月／Chapter 8）

子どもの姿から読み取ることに関する課題は、ノンコンタクトタイムが十分に

とれないことです。特に、同僚と話し合うカンファレンスは、同じ時間に複数の保育者がノンコンタクトタイムをとらなければできません。Chapter 8 の動画では、向山こども園のカンファレンスの様子が収録されています。向山こども園では、教育時間の保育（おひさまの時間）と教育時間後の保育（夕やけの時間）を担当する保育者を、それぞれ配置することで、同じ時間を担当する同僚とのカンファレンスをほぼ毎日おこなうことができるのです。

4. 子ども理解とノンコンタクトタイム

　遊び込むや探究に向けた保育では、子どもの見取り、読み取りは欠かすことはできません。特に、ノンコンタクトタイムにおいて、記録やカンファレンスによる読み取りを丁寧におこなわなければ、子どもの遊びやその対応は場当たり的なものになってしまい、遊びが継続し、深まっていくことは難しくなります。また、子どもの姿を振り返り、読み取ることをおこなわなければ、保育者の保育場面での子どもそれぞれへの関心の具合も下がり、見取りが不十分になってしまう可能性もあります。その場合、不安な子どもが増え、多様性を重視する集団保育を安定しておこなうことは難しくなります。子どもの姿から読み取ること、つまり子ども理解を丁寧におこなうことは保育の基盤であり、それを可能とするノンコンタクトタイムの確保は、集団保育を安定しておこなうための重要な課題なのです。

　日本の幼稚園教育要領や保育所保育指針などにあたるイタリアのレッジョ・エミリア市の事業憲章 [26] では、「自治体立乳児保育所では、平均的に勤務時間の 5 分の 4 は教師が子どもと共にいる時間、幼児学校では、3 分の 2 を子どもと共にいる時間としている」と記載されています。これは、保育者が子どもにかかわる時間を示しているのですか、それ以外の時間がノンコンタクトタイムとなり、多くの時間がとられていることがわかります。

記録をとりながら、同僚とのカンファレンス
（3 歳児クラス 3 月／ Chapter 22）

　レッジョ・エミリア・アプローチでは、保育記録（ドキュメンテーション）の作成による子ども理解や学びの評価、また子ども理解にもとづくプロジェクトの計画などのマネジメント、そして、マネジメントにおける同僚などとの対話を重視しています。つまり、マネジメントに必要なノンコンタクトタイムをしっかりと位置づけることで、保育の質向上をはかっているのです。日本においても、子ども理解をはじめとするカリキュラムマネジメントの充実につながる保育者の働き方について、レッジョ・エミリア市の事業憲章のように、要領・指針にしっかりと位置づけていくことが必要になってきていると考えます。

5. 集団保育での見取りや読み取りの根拠となるeポートフォリオ

集団保育において、多様な子どもそれぞれに対する見取りや読み取りに、漏れや過度の偏りがなくおこなわれることは、安定した保育を展開していくうえでとても大事なことです。主体性や多様性を重視する保育の根拠になるのが保育記録であり、近年ではICT（情報通信技術）を活用したeポートフォリオがそれにあたります。

保育におけるeポートフォリオとは、子ども一人ひとりの電子化された保育記録が蓄積され、集約されたものです。テキストデータ、写真、動画などがそれにあたります。保育では、これら記録のほとんどを保育者がとることになるので、グループの記録や写真をタグづけ、子どもそれぞれのeポートフォリオに蓄積するなどの工夫が必要です。

茨城大学教育学部附属幼稚園のラーニングストーリー（フォーマティブ・アセスメント）の例

このようなeポートフォリオを活用し、保育者が担当する子どもそれぞれに対する見取りや読み取りがどのような頻度でおこなわれているのかを確認したり、蓄積された記録からその子どもの育ちを確認したりすることで、多様性を重視する保育に活かすことができるのです。特にチーム保育では、見取りの漏れや過度の偏りがおこりやすくなります。eポートフォリオは、子どもそれぞれの見取りや読み取りの状況を合理的に確認できるので、チーム保育で活用していくことが望まれます。

茨城大学教育学部附属幼稚園（2022）[27] では、2021年度より、保育記録にeポートフォリオを導入し、子どもそれぞれへの安定した見取りや読み取りにつなげてきました（詳しくは78頁）。また、子どもそれぞれに蓄積されたeポートフォリオを活用して、学期ごとにラーニングストーリー（フォーマティブ・アセスメント）を作成し、子どもや保護者にフィードバックしています。このような取り組みは、多様性を重視する集団保育を安定しておこなうための一因となっています。

ニュージーランドで保育者として勤務していた谷島直樹（2022）は、ラーニングストーリーの作成を積み重ね、それを確認していくことについて、「ラーニングストーリーをどんどん重ねてポートフォリオになり、その子の学びのプロセスを長いスパンでたどっていくと興味の対象だけでなく、その子が数ヵ月、数年がかりでどんなふうになにを学んでいったのか、その子のひととなりや個性が見えてくるということがわかるようになりました」[28] と述べています。子ども一人ひとりへの見取りと読み取りの根拠となるラーニングストーリーやeポートフォリオは、集団保育における多様な子どもへの理解を深めていくことにつながっていきます。そして、集団保育を安定しておこなうための要因になっているのです。

コラム❺　ノンコンタクトタイムと配置基準

本書の動画で紹介する園の特に3・4・5歳児クラスでは、ノンコンタクトタイムを休憩時間の他に90分以上とれている園がいくつかあります。このような働き方は、保育者の専門性の向上や持続可能な働き方につながっていきます。このように多くのノンコンタクトタイムをとれている要因は、シフトの工夫や補助金による加配なども考えられますが、一番大きな要因は、遊びの場面など、状況に応じて必要な人数を精査し、保育者の人数をかけ過ぎていないということです。保育者の人数をかけ過ぎないことで、その時間において、他の保育者のノンコンタクトタイムを捻出できる仕組みになっているのです。

1人の保育者に13人の子ども
（3歳児クラス2月／Chapter11）

1人の保育者に22人の子ども
（4歳児クラス10月／Chapter 7）

クラスの保育を担当する保育者の人数が少なければ、子どもの主体性や多様性を重視する保育は難しい、管理的で一律な保育になってしまうと考える人もいるかもしれません。しかし、Step 6での多様な子どもを見取るための製作コーナーなどの環境の工夫、さらにStep 4での集まりにおける子どもそれぞれへの認め方の工夫による援助を進めることで、限られた保育者の人数（必要な加配を含む）であっても、子どもの主体性や多様性を重視する集団保育を安定しておこなえる可能性はあるのです。

そのことによって、例えば、本書の動画で紹介している愛泉こども園の働き方の例（図1-8）のように、14時までの教育時間を担当した保育者がそれ以降はノンコンタクトタイムや休憩に入るなど、ほぼ毎日ノンコンタクトタイムを確保できる仕組みになります。シフト制においても、保育者の人数が必要な場面とそうでない場面を精査することで、筆者がシミュレーションした働き方のモデル（図1-9）のように、ノンコンタクトタイムを捻出できる可能性はあるのです。ノンコンタクトタイムにおいて、丁寧な子ども理解によるカリキュラムマネジメントがおこなわれ、その相乗効果によっても、安定した集団保育へと進んでいく可能性が高くなるのです。

近頃、配置基準（児童福祉施設の設備及び運営に関する基準）の見直しに関する議論がさかんにおこなわれています。その議論の中心は、クラスの保育者を増やす、もしくは子どもの人数を減らすことで、子どもへの個別対応の機会を増やし、保育の安定をはかろ

図1-8 愛泉こども園の働き方の例

NC：ノンコンタクトタイム

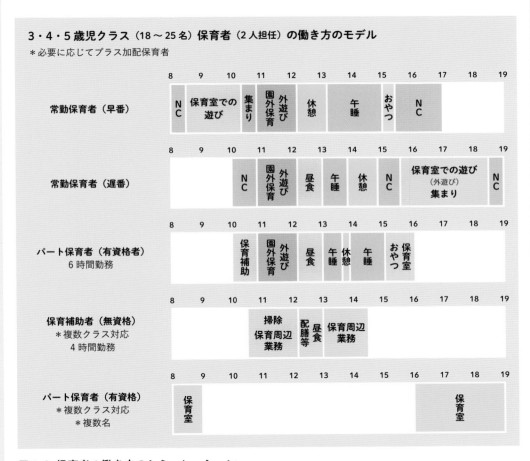

図1-9 保育者の働き方のシミュレーション

　うとするものです。筆者としても、現行（2023年11月現在）の配置基準は多少見直す必要があると考えます。しかし、保育者の人数が増えた、もしくは子どもの人数が多少減ったとしても、個別の対応はとても大切ですがそれに固執し過ぎていては、質の高い保育が実現できるとは限りません。現行の配置基準よる配置を見直していきながら、ある程度の集団（人数）に対する保育を想定したうえで、多様性に応じた集団保育を実現するための援助を模索していくことが大切なのです。■

注

1) 中坪史典（2023）国際的な動向から見た保幼小接続の実践的な課題．日本教育方法学会編．新時代の授業研究と学校間連携の新展開 探究・省察・ICT 化と学びの捉え直し．図書文化．89-92 頁

2) 白井俊（2020）OECD Education 2030 プロジェクトが描く教育の未来 エージェンシー、資質・能力とカリキュラム．ミネルヴァ書房．79-80 頁

3) 同上 2）．79 頁

4) 中央教育審議会（2021）「令和の日本型学校教育」の構築を目指して〜全ての子供たち の可能性を引き出す、個別最適な学びと、協働的な学びの実現〜（答申）

5) 文部科学省初等中等教育局（2022）いじめの状況及び文部科学省の取組について．文部科学省初等中等教育局

6) 小川博久（2010）保育援助論 復刻版．萌文書林〈小川博久（2000）保育援助論．生活ジャーナル〉

7) 小川博久（2010）遊び保育論．萌文書林

8) 前掲 7）．175 頁

9) 田中謙・池田幸代（2021）カリキュラムマネジメントにおけるナレッジマネジメントの特質−保育者の「保育の環境構成」に関する事例分析を通して−．教育実践学研究：山梨大学教育学部附属教育実践総合センター研究紀要．第 26 巻．219-234 頁

10) 前掲 6）．173 頁

11) 中原淳・中村和彦（2018）組織開発の探究 理論に学び、実践に活かす．ダイヤモンド社．77 頁

12) 同上 11），76 頁

13) 国立教育政策研究所編（2020）幼児教育・保育の国際比較 OECD 国際幼児教育・保育従事者調査 2018 報告書 質の高い幼児教育・保育に向けて．明石書店．72-74 頁

14) 有本昌弘（2008）監訳者あとがき．OECD 教育研究革新センター編著、有本昌弘監訳．形成的アセスメントと学力 人格形成のための対話型学習をめざして．明石書店．274 頁

15) 同上 14）．273 頁

16) 内閣府政策統括官（2018）．我が国と諸外国の若者の意識に関する調査（平成 30 年度）

17) ディラン・ウィリアム（2013）形成的アセスメント：効果的な学習環境における役割．OECD 教育研究革新センター編著、立田慶裕・平沢安政監訳．学習の本質 研究の活用から実践へ．明石書店．159-188 頁

18) 石田智敬（2021）D. ウィリアムによる形成的アセスメントの理論と実践．京都大学大学院教育学研究科紀要．第 67 号．179-192 頁

19) 上野正道（2022）ジョン・デューイ −民主主義と教育の哲学．岩波新書．44-45 頁

20) 幼稚園教育要領と共に、保育所保育指針、幼保連携型認定こども園教育・保育要領にも同様の内容が記載されています。

21) 前掲 19）．103-104 頁

22) 前掲 2）．83 頁

23) 山本健太（2022）めいほう幼稚園の取り組み．第 72 回放送教育研究会全国大会実践発表「探究的な活動を促す幼保の番組活用」発表資料

24) 前掲 6）176 頁

25) 前掲 7）．104 頁

26) 森眞理訳（2017）レッジョ・エミリア市自治体立乳児保育所と幼児学校の事業憲章 大切にしていること．JIREA．43 頁

27) 茨城大学教育学部附属幼稚園（2022）幼児教育の質向上につながる ICT の活用．研究紀要 41

28) 谷島直樹（2022）ニュージーランドの保育園で働いてみた 子ども主体・多文化共生・保育者のウェルビーイング体験記．ひとなる書房．134 頁

第2章

動画による
お互いの保育を
見合う園内研修

お互いの保育を見合う
園内研修

1. お互いの保育を見合う園内研修の経緯と目的

　第2章で紹介する20本の動画は、お互いの保育を見合う園内研修において、筆者が午前の保育、特に遊びの場面をビデオで撮影し、午後のカンファレンスで視聴するために編集したものです。カンファレンスでは、約20分に編集した動画が使われていますが、本書では、保育者や保育を学ぶ学生などが視聴しやすいよう、さらにそれらを編集し、約15分の動画にしています。これらの動画は、各園が、子どもが遊び込むに向けた保育や、主体性や多様性を重視する集団保育の質向上をめざし、園内研修を積み重ねてきた一つの成果でもあります。動画のなかでの遊び込むに向けた保育者の援助やそれに対する子どもの姿から、これからの保育・幼児教育のあり方について考える機会にしていただければと思っています。

　では、お互いの保育を見合う園内研修は、どのような経緯でおこなわれてきたのでしょうか。筆者は、2016（平成28）年5月より、新潟市にある幼稚園型認定こども園栄光幼稚園（現在は、幼保連携型認定こども園栄光こども園）において、本園内研修を始めました。それとともに、園内研修のあり方についても研究 1) 2) を進めてきました。本園内研修は、初年度の2016年度は、本園にて計8回おこなわれています。

　このような継続した研修を始めた経緯やその目的は、まずは、園内の保育者がお互いの保育を見合い、ともに協議するという公開保育を積み重ねていくことで、保育の質向上がはかれればと考えたからです。保育者の援助行為は、身体性をともなう技術（身体の向き、手の動きなど）によることが大きく、さらに複数で多様な子どもたちを対象とした複雑な行為なので、言葉のみで伝え合い、理解するには難しさがあります。よって、公開保育などを通して、他者がおこなう保育を見ることで、その学びはより効果的なものになるのです。

　一方で、公開保育は、園内での公開保育においても、これまでは国公立の幼稚園以外の就学前施設では、おこなわれることがとても少なかったのです。これには、保育者が担当するクラスの保育を離れ、他のクラスの保育を見にいくことが難しいといった状況があります。日本の多く

2016年に栄光幼稚園で始まったお互いの保育を見合う園内研修

の保育者が他のクラスの保育をじっくり見る機会がないという課題があるのです。このような課題に対して、園内研修でビデオを活用すれば、保育者が自身の保育から離れなくとも、ノンコンタクトタイムに動画を通して同僚がおこなう保育を見ることができます。これを継続しておこなえば、お互いの保育を見合い、学び合えることができると考えたのです。

また、このような園内研修をおこなう目的の一つは、同僚の実践を見合ったり、ともに考えたりすることで、園として大事にすべき保育観を共有することです。その実現に向け

図 2-1　広角レンズを使用してなるべく保育室全体を撮影するイメージ（3歳児クラス）

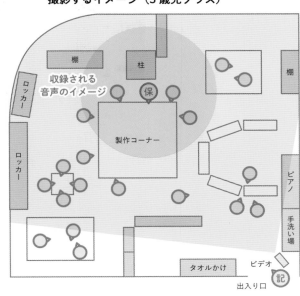

た保育を保育者自身が構築していくプロセスになるのです。そのことを通して、保育者としての専門性を深め、働きがいを高めていくのではないかと考えたのです。また、経験のある保育者の援助行為が、動画を通して具体的に共有され、同僚に認められる機会になることで、保育者としてのアイデンティティやキャリアを築いていく場となる可能性もあるのです。

さらに、本研修にビデオを活用することで、多様な子どもを対象とする集団保育での保育者の援助のあり方を、保育者と協同して検討できると考えました。これまでの就学前施設での園内研修では、エピソードといった個別の事例を題材にすることが多かったのです。このような題材を用いることは、ある子どもや一部の遊びへの理解を深めていくことに意義はありますが、集団保育の特に遊び場面におけるクラスの子どもそれぞれと保育者との関係を検討するには難しさがありました。そこで、本研修において題材となる動画は、クラス担任の保育者を含め、なるべくクラスの多くの子どもが視野に入るよう図 2-1 のように、俯瞰的に撮影しました。

ワイヤレスマイク・ビデオ（広角レンズ）による撮影

このようにクラス全体をビデオで記録することについて、小川博久（2013）は、保育臨床研究と動画記録（VTR）の関係から、「保育状況全体を把握する必要があり、環境図作成と時系列記録の必要性から VTR の利用は欠かすことはできない」としたうえで、保育での遊びを理解するための記録の条件として、「保育者の位置や動きは、幼児の動きとともに援

助行為に入る入らないにかかわらず、フィールドワークにおける観察対象となる。なぜなら、遊び場のフィールド内存在としての『保育者』は、幼児全員との関係性の中に包摂されているからである」と論じています[3]。

保育者から離れて遊んでいる子どもは、保育者の援助行為と関係性がないわけではありません。保育者の身体の向きや見取ろうとする姿勢などによって、離れて

園内で動画を編集する筆者

いても安心、安定して遊ぶことに強く関係してくるのです。したがって、集団保育での多様な子どもたちへの援助を検討していくためには、保育者やある一部の子どもを切り取った映像ではなく、なるべくクラスの多くの子どもを視野に入れた映像を用いるべきなのです。そのことによって、多様な子どもそれぞれが遊び込むことに向けた集団保育やその援助について検討することができるのです。

ちなみに、第1章で掲げた「遊び込むや探究に向けた援助のポイント」も、お互いの保育を見合う園内研修を積み重ねてきたことから導き出されたものなのです。

2. お互いの保育を見合う園内研修の方法

本園内研修では、お互いの保育を見合うことができるよう、園のなるべく多くの保育者の保育が対象となり、可能ならば月に一度くらいの頻度でおこなうことで、その効果はより大きくなります。1年間で、できればクラスを担当するどの保育者も記録の対象となることで、その園における同僚性は高まっていきます。

お互いの保育を見合う園内研修の1回分の方法は、以下のとおりです。

❶園内研修日の9時頃から11時頃に、記録者が、対象となるクラスの保育をワイヤレスマイク・ビデオを用いて撮影します。ビデオの撮影は、主に、保育者を含め、なるべくクラスの多くの子どもが視野に入るよう俯瞰的に撮影します。広角レンズを使用することで、広い視野で撮影することができます。また、保育者にワイヤレスマイクを付けてもらい、保育者やその周辺の子どもの言葉（音声）を同期して収録します。

❷撮影後の11時頃から14時30分頃に、動画編集ソフトを使って、撮影した動画を編集します。カンファレンスで使用するこの動画は、20から30カットで構成し、約20分間に編集します。動画を編集する際には、改善すべき場面を中心に編集するのではなく、保育者の援助行為のすぐれた場面やその援助行為と子どもの姿との関係が伝わりやすい場面を中心に編集します。対象となる保育者が、改善すべき点を理解しながらも、自身の保育の良さに気づき、同僚から認められ、自信につながる機会にしてほしいからです。

そのためにも、保育者の言葉による援助行為がより具体的に記録されるワイヤレスマイクを保育者に付けてもらうことが効果的です。

❸撮影当日の15時頃から、動画記録を介したカンファレンスをおこないます。カンファレンスは、なるべく多くの保育者が参加できるよう、園それぞれの保育者の働き方に応じて、その時間を調整します。可能ならば、1時間30分ほどの時間をとります。カンファレンスでは、まずは対象クラスの保育者に、環境構成の意図や最近の子どもたちの様子などを話してもらいます。その後、約20分間の動画を2回に分けて視聴します。すべての視聴後に、参加者で自由にもしくはテーマを決めて話し合い、協議します。参加人数が多い場合は、まずは小グループで話し合い、その後全体で協議します。

このようなお互いの保育を見合う園内研修を、筆者は、コロナ禍を除いて、2017（平成29）年以降、各年度に3〜4園、計25回ほどおこなってきました。2023（令和5）年度は、筆者が勤務校での国内特別研究期間（サバティカル）ということもあり、12園で計88回おこないました。

このような研修を園で積み重ねていくことにより、保育者のアンケート[4]などから、保育者がある子どもの遊びを部分的に見取り、捉えるだけではなく、その周辺にいる子どもや保育者との関係からも捉えようとしていることが考えられました。子どもの遊びは、近くでかかわり合うといった直接的な関係だけではなく、離れている保育者や子ども、そして他の遊びとの間接的な関係からも影響を受け、その遊びの安定や発展、また停滞にもつながっていきます。俯瞰的に映し出される動画やそれを用いたカンファレンスから、保育者がより広い視点でクラスの多様な子どもたちを見取ろうとすることにつながっていったのです。

■ 編集した動画の視聴を通した保育カンファレンス

注
1）高橋健介・中村知嗣（2017）お互いの保育を見合う園内研修の試み−ワイヤレスマイク・ビデオを用いた園内研修を通して−．第1回日本保育者養成教育学会研究大会
2）高橋健介（2019）お互いの保育を見合う園内研修の試み（2）−ワイヤレスマイク・ビデオによって俯瞰的に保育を捉える取り組みから−．第3回日本保育者養成教育学会研究大会
3）小川博久（2013）保育者養成論．萌文書林．274-275頁
4）前掲2）

Chapter 1
遊び込むことを通して好奇心をもって探究する子どもの姿

動画は
こちらから

栄光こども園 5歳児クラス（新潟県新潟市）

A 製作コーナー	**B** バーコード調べ
C クモの巣・危険生物	**D** パン屋さん

動画視聴のポイント

- 実体験やメディアから得た情報を活用しながら、遊び込むことを通して、探究する子どもの姿に注目してほしい。
- 自分たちなりの目標や見通しに向けて、やり遂げようとする子どもの姿に注目してほしい。
- 多くの子どもが協同的な遊びを展開する中、一人で遊ぶなどの多様な子どもに対して援助する保育者の姿に注目してほしい。

キーワード

- 協同的な遊び
- 知的好奇心
- 探究
- 情報の活用
- 多様性への配慮

　栄光こども園の5歳児クラスでは、広めの製作コーナーを常設しています。保育室のほかの場をフリースペースにして、子どもたちがそれぞれの関心や遊びに応じて場をつくり、そこを拠点にして遊びを展開するようにしています。

　この日も危険生物（クモの巣づくり）、パン屋さん、ティラノサウルス（積み木）をテーマとした場をそれぞれがつくり、これまでの遊びを続けています。製作コーナーの映画館づくりでは、スクリーンにする材料を変えるなど、やり方を大きく変えようとしています。保育者もこの遊びの展開が気になり、近くで見守ったり、かかわったりしています。

C クモの巣づくりの経緯

　5月、保育室で一匹のクモを見つけ、そのクモを飼ってみることにしました。飼育していくなかで、クモの巣にも興味をもった子どもたちは、大きなクモの巣をつくってみることにします。しかし、なかなかイメージしていたようなクモの巣ができません。

　それでもクモに興味をもち続けていた子どもたちは、インターネットや図鑑でクモやクモの巣のことを調べていきます。すると、クモの巣は縦糸と横糸でつくられていることを知ります。

　そんななか、9月下旬の園外保育で、子どもたちはクモと大きなクモの巣に出会います。クモがあんなにも大きく、そしてきれいなクモの巣をつくっていることに驚き、じっくり眺めます。そして、図鑑などで知った縦糸と横糸によるクモの巣のつくりを、実物を見ながら確認していきます。

　園外保育の後、子どもたちは、遊びの際に改めてクモの巣づくりにチャレンジします。

C 危険生物

改めてクモの巣をつくり始めて4日目。実際に見たクモの巣のように縦糸と横糸を張っていくと、きれいなクモの巣になってきました。うまくいかなかったこともありましたが、イメージしたクモの巣ができてきていることが自信になっています。

クモやクモの巣のことを調べていくなかで、危険生物の図鑑から、タランチュラというとても大きなクモがいることを知りました。そこで、クモの巣づくりと並行して、タランチュラやタランチュラが生息する草原をつくることにします。

そしてこの場は、危険生物をテーマにつくったり、調べてみたりする場になっていきます。

B バーコード調べ

遊びに使う空き箱などに、どれもバーコードが付いていることに気づきます。調べてみると、ダンボールのバーコードの左端の数字は、輸入元の国を表していることを知ります。

子どもたちは、バーコードの数字を見つけるたびに、ダンボールに入っていたもの（果物など）がどの国から来たのか、世界地図で確認したり、その国のことを調べたりしています。

映画館づくり

映画館づくり（影絵）では前日、スクリーンの部分をセロハンでつくってみました。今日は別の材料を試してみることになり、写し描きに使っていたトレーシングペーパーをスクリーンに使ってみることにします。

スクリーンができると、投影できるか試してみます。スクリーンに、葉っぱの絵を懐中電灯で照らしてみると、葉っぱの絵がきれいに映し出されます。

次は、登場人物（人間や猫）の人形をつくることにします。人形を持つ手がスクリーンに映らないようにするにはどのようにすればいいかを考えています。

遊び始めてから約40分経過

それぞれのコーナーでは、仲間と協同した遊びが展開されています。保育者は、前日のやり方から大きく変えた映画館づくりの援助をしています。後に登園した子どもが多い積み木でのティラノサウルスづくりも進み始めています。

E ティラノサウルス

2日前より、積み木によるティラノサウルスづくりが進んでいます。7月にも積み木で複数の小さな恐竜をつくり、恐竜展ごっこをしましたが、今回はその時よりもティラノサウルスの特徴に関心をもち、図鑑を見ながらつくっています。

20日後

子どもたちは首や頭の部分を試行錯誤しながら、つくり上げます。ティラノサウルスのことを伝えたくて、肉食であることや大きさを記載した解説板もつくっています。

 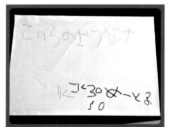

車づくり

一人で遊ぶことの多いＡ児。前日の帰りの会で、パン屋さんの車をつくりたいと保育者に話していました。そこで保育者は、2つのダンボール箱を用意します。登園すると保育者からも誘われ、車づくりを始めます。Ａ児は、2つのダンボール箱からイメージに近い箱を選びます。

車のライトができると、次にハンドルをつくりたくなったＡ児。ハンドルの絵は描けたのですが、なかの空いた部分をどうやって切り取ればいいのか戸惑います。保育者は、2つに折って切り取る方法を伝え、一緒にやってみます。

この日、うまく遊び出せていなかったＢ児は、Ａ児の車づくりに関心があるようです。

D パン屋さん

前日から始まったパンづくりでは、ふわふわ感を出すためにプチプチ（緩衝材）やトイレットペーパーを使うなど、相談しながら進めています。メロンパン、ホットドック、サンドイッチなどを本物らしくするために、工夫してつくる姿があります。

20日後

パン屋さんを続けてきた子どもたちは、園以外の生活でもパン屋さんやパンに関心をもち、それらを見てきました。その経験が活かされています。

C 危険生物

保育者がこの場に来ると、子どもたちはうれしそうに、タランチュラが住む草原のことや、小さなクモの巣をつくっていることを伝えます。保育者は、それぞれがつくっているものを見ながら認めています。

車づくり

次は座席をつくることになりました。A児は、座席になりそうな空き箱をみつけます。座ってみるとつぶれてしまいます。そこで、座席になりそうな材料を素材置き場に探しに行くことにします。円柱の缶をみつけてきますが、座面が小さすぎて座ることが難しそうです。

映画館づくり

製作コーナーでは、映画館ごっこの人形づくりが進んでいます。素材棚から必要な色のセロハンや黒の色画用紙を選び、細かい作業にそれぞれが集中して取り組んでいます。持ち手には、長い竹ひごを使うことにします。

保育者は、子どもたちの映画館づくりが進み始めると、その場を離れ、他の場の様子を見に行きます。

人間や猫の人形ができ上がると、懐中電灯の光を当てながら動かしてみます。人間や猫が歩いているように見えたりすることを楽しんでいます。他の場で遊ぶ子どもが集まってきて、この遊びに関心をもちます。

一方、光の当て方によっては、人形がよく映し出されないこともあり、少し戸惑う姿もあります。

20日後

影絵では、イメージしていたように人形を投影することが難しかったため、子どもたちは、ペープサートの人形劇をつくることにします。

必要なペープサートだけではなく、舞台もつくろうとします。舞台を自立させる斜め柱や幕の取り付けに難しさもありましたが、工夫してつくり上げることができました。

車づくり

　A児は、保育者とB児と、改めて素材置き場に座席の材料を探しに行きます。座席にちょうどよい大きさの空き箱をみつけ、座ってみますが、つぶれてしまいます。何回も違う空き箱を試してみますが、やはりつぶれてしまいます。

　A児とB児が座れるような丈夫な材料をみつけることができなかったので、保育者は牛乳パックに新聞紙を詰めてみることを提案します。A児はやってみると硬くなることに気づき、新聞紙を詰める作業に取り組みます。でき上がると、うれしそうに保育者に見せに行きます。

集まりでの遊びの振り返り（12分30秒頃～）

　保育者は、パン屋さんの子どもたちがパンをふわふわにしようとしていることを紹介します。すると、A児はパン屋さんのホットドックを手に取り、食べるふりをします。保育者や他児は、その姿に気づき、A児なりの反応を認めます。また、パンをふわふわにできた工夫を伝える子どもの姿があります。

　映画館（影絵）では、光を当てたけれど人形の特に顔の部分がよく映らなかったことが話題になります。子どもから光の反射や光の強さなどについて、意見が出ます。光のことに興味を示す子どもの姿があります。

本動画から考えられること

子どもにより添う保育者

　保育者は、それぞれが進めようとしている遊びに、頻繁には関与せずに見守っています。一方、子どもが相談に来た時やできたことを伝えようとする時には、じっくり話を聞き、ヒントを伝えたり、認めたりする姿があります。子どもたちが目標に向け、自分でやり遂げることができるよう援助しているのです。保育者がゆったり構えて援助ができるのは、子どもたちがつくることなどを通して自ら遊び込めるようになってきている、その相乗効果によるものです。

遊び込むから探究へ

　関心のあることについて、つくる遊びを積み重ねてきた子どもたちは、さらに図鑑やインターネットなどの情報を活用することで、好奇心を広げ、探究する姿がみられます。また、表現しながら探究していくことを通して、物事の因果関係についても考えたり、気づいたりして、それを楽しむ姿があります。

　子どもが遊び込むプロセスには、好奇心をもって、自ら遊びを深めるために必要な情報を求めたり、それについて考えたりする姿があり、自ら探究することにもつながっていくのです。

本動画を用いたカンファレンスから学んだこと

　長い期間遊びが継続するなかで、支え方や子どもの興味の対象はどこかなどを常に振り返っています。カンファレンスでは、気づいていなかったことや子どものつぶやき、遊びのなかで悩む姿を客観的に見ることで、明日からの遊びの援助の方向性を再確認し、新たな視点をもつことができました。　　　（5歳児クラス担任 栗山みどり）

つくる遊びからの探究を楽しんでいます!

海の生き物

　1月になって、マッコウクジラが大阪湾に迷いこんだことをテレビなどのニュースで知った子どもたちは、マッコウクジラを積み木でつくってみたり、図鑑で調べてみたりします。

　餌を求めて迷いこんだのではないかという話題から、マッコウクジラが住む海や餌となる生き物をつくってみることにします。さらに、海の深さによって、住む生き物が違うことに気づき、海の深さやそれぞれの深さに住む生き物を調べ、つくって表現してみます（壁に展示）。

　子どもたちは、マッコウクジラのニュースから、つくることを通して、海の生き物について探究しています。幼児期につくる遊びを積み重ね、遊び込んできたことが、就学前のこの時期の探究する姿につながってきているのです。

図書館づくり

　1月のこの時期、他のグループでは図書館づくりをおこなっています。「ねこまるだいぼうけん」などの物語絵本、「はーとをさがせ」などの探し絵本、「きけんせいぶつ」「ゆきのけっしょう」「つらら」などの図鑑といったように、さまざまなジャンルの本を作成し、展示しています。

　題材となった「つらら」は、この時期、新潟で特に多く見られたものです。子どもが身近な自然現象に関心をもって見ようとしていることがうかがえます。

Chapter 2
ある遊びのつながりから多様な参加の仕方による協同的な活動へ

動画は
こちらから

恵泉こども園 5歳児クラス（新潟県新潟市）

A　製作コーナー

D　ままごとコーナー

B　フリースペース

E　積み木コーナー

C　小麦粉粘土（化石づくり）

動画視聴のポイント

- 遊びが展開していくなかで、知的好奇心が育まれ、探究していく子どもの姿と、それを援助する保育者の姿に注目してほしい。
- クラスで取り組む協同的な活動に、子どもそれぞれが自分らしい参加の仕方で取り組む姿に注目してほしい。
- 子どもそれぞれの工夫やこだわりが表現される姿と、それを受けとめ、認める他児や保育者の姿に注目してほしい。

キーワード

- 知的好奇心
- 探究
- 協同的な活動
- 多様な参加の仕方

　9月のこの時期、製作コーナーではドールハウスをつくったり、ままごとコーナーではお気に入りの部屋に向けてソファをつくったり、積み木コーナーではお城づくりをするなど、多くの子どもが仲間とイメージや見通しを共有し、協同しながら遊びを展開しています。一方で、桃太郎の紙芝居をつくったり、小麦粉粘土で化石をつくったりするなど、一人でやりたいことにこだわって遊びを進めていく子どもの姿もあります。

　フリースペースでは8月下旬より恐竜が好きな子どもがダンボール、空き箱、色画用紙などを使って、図鑑を見ながらそれぞれが好きな恐竜をつくっています。保育者は、前日にこの姿を見取った際に、子どもたちが恐竜の大きさに興味をもち始めていると読み取ります。そこで、この日は職員室にあったメジャーを保育室に持ってきています。

B フリースペース

　A児、B児、C児は身支度を整えると、廊下に置いてあった恐竜を持ってきて、図鑑を見ながら改めてつくり始めます。そのなかで、A児は図鑑に表記されている恐竜の大きさ（全長）が気になっています。ページをめくりながら、恐竜それぞれの全長を確かめていきます。

　この姿を見取った保育者は、A児と一緒に図鑑を見ながら、全長や長さの単位（メートル）について話します。するとA児は、好きなティラノサウルスの大きさが気になりだします。そこで保育者は、メジャーでティラノサウルスの全長を測ってみることを提案します。A児たちは、メジャーで全長を測り、その長さのスズランテープをつくってみます。ティラノサウルスの大きさを実感することができ、その大きさに驚きます。

遊びが始まって約45分経過

　それぞれの場でグループや個人での遊びが安定して続いています。保育者は全体を俯瞰して見取りながら、必要と判断した子どもを援助しています。

　A児は、ティラノサウルスの全長を測ることができたのですが、何か気になっています。保育者が尋ねると、A児が知りたかったのはティラノサウルスの高さだったのです。図鑑には、ティラノサウルスの全長は記載されていますが、高さについては記載されていなかったのです。

B フリースペース

　保育者は、ティラノサウルスの高さを職員室のインターネットで調べることを思いつき、職員室の職員に連絡してみます。

　A児は、職員室に行き、インターネットでティラノサウルスの高さを調べてみることにします。

廊下

　A児は、ティラノサウルスの高さがわかり、その長さをメジャーで測ってみます。ティラノサウルスの高さを測ることができ、さらにその高さをイメージすることができたことに満足しています。また、全長では大きかったスピノサウルスよりも、高さではティラノサウルスのほうが高いことを知り、うれしそうにしています。

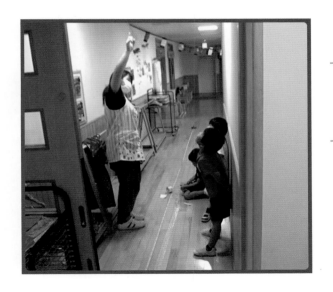

園外保育 (1月)(7分18秒頃～)

　A児たちの恐竜をテーマにした遊びが長く続いていることもあり、1月の園外保育で、恐竜の展示もある自然科学館にクラスのみんなで行くことを保育者は提案します。さまざまな意見もありましたが、卒園間近の園外保育ということもあり、クラスのみんなで自然科学館に行くことになりました。自然科学館では、恐竜の展示だけではなく、宇宙やトキなどの展示も見ることができました。また、館内にあるミュージアムショップにも行ってみることができました。

A　絵の展示の準備
C　ゲートづくり
B　製作コーナー
D　衣装づくり

2月の遊び場面（7分45秒頃〜）

　園外保育後の集まりで、自然科学館で見た恐竜の展示のことから、過去に行った恐竜展のことも話題になりました。恐竜展の話題が活発になってきたので、保育者は、2月の保育参観に向けて、クラスのみんなで恐竜展をつくってみることを提案します。すると、自然科学館のお土産屋さん（ミュージアムショップ）やカフェのことを思い出し、恐竜展でお土産屋さんやカフェ、そしてお話し屋さんをやってみたいとの声も上がりました。そこで翌日から、恐竜展に向けてそれぞれがやってみたいことを進めていこうということになりました。

　動画（後半）の場面は、恐竜展をおこなう保育参観の3日前の様子です。

ホール

　恐竜をテーマに遊び続けていたA児たちが恐竜展に展示する恐竜をつくっています。この日はつくった恐竜そのものの大きさが気になり、メジャーで測っています。

　プテラノドンをつくったA児は、羽を広げた姿を再現し、羽の大きさに関心をもち始めます。

　製作コーナーではお話し屋さんの紙芝居づくり、お土産屋さんのアクセサリーづくりが進んでいます。また、お土産屋さんやカフェの衣装もそれぞれがデザインを工夫しながらつくっています。クラスのみんなで描いた恐竜の絵を展示するため、台紙に貼る子どももいます。恐竜展に向けて、それぞれの役割や実現したいことに取り組む子どもの姿があります。

B 製作コーナー

　保育者は、クラスのほとんどの子どもがグループで仲間と作業するなか、一人でお土産屋さんのアクセサリーをつくり続けるB児により添い、隣に座ります。アクセサリーをつくりながら、保育室全体それぞれの場で作業する子どもを見取ります。また、お話し屋さんの紙芝居ができたことで、そのお話を聞き、認めています。

　恐竜展に向けたそれぞれの参加の仕方を認め、目的を共有して取り組めるよう援助する保育者の姿があります。

63

C ゲートづくり

　仲間と時間をかけてつくった恐竜展のゲートができ上がり、喜び合う姿があります。その一方で、物足りなさを感じたC児の意見にも耳を傾ける子どもや保育者の姿があります。C児は、ゲートの両方の柱に炎をつけたいと考え、みんなに伝えます。

遊びの振り返り（13分50秒頃～）

　この日の集まりで保育者は、ゲートづくりと衣装づくりを取り上げます。

　それぞれの衣装には、胸元をリボン状にして縛ってみたり、肩に丸みをつけてみたり、デザインの工夫やこだわりがみられます。また、恐竜や火山のイラスト、お店の名前、名札などをつくって貼るなど、恐竜展の衣装とわかる工夫もあります。このように恐竜展に向けた取り組みは、子どもそれぞれの参加の仕方を通して協同する姿となっています。

　それぞれの工夫に他児が気づいたり、言葉にしたりする姿もあり、仲間から認められることでうれしそうにする子どもの姿があります。

本動画から考えられること

つくることから探究へ

　クラスの子どもそれぞれがつくることを通してやりたいことを実現しようとする姿があります。例えば、恐竜をつくっていた子どもは、つくるプロセスのなかで恐竜をさらに知りたい思いが高まり、その大きさを調べてみることにつながっています。つくることと知ろうとすることが循環し、子どもの関心が広がっています。知的好奇心が育まれていくことで、さらに探究する姿につながっていくことが考えられます。

クラスとしての協同的な活動

　ある遊びのつながりからクラスの協同的な活動へ展開しています。しかも、子どもそれぞれの参加の仕方に工夫やこだわりがあり、それぞれの主体性が活かされています。契機となったのは、クラスみんなの共通の体験として自然科学館での園外保育があったことです。集まりなどでの多様な遊びを認め合う経験の積み重ね、そして園外保育で共通のテーマやイメージをもつことができたことで、多様性を認め合う協同的な活動につながったことが考えられます。

本動画を用いたカンファレンスから学んだこと

　子どもたちは興味のもち方が多様な上に、その世界を広げて調べたり、道具を使ったりして、本物らしい姿を求めていました。園から外に出る機会が必要となった過程や、次第に協力し合う姿がビデオの中にあり、子ども自身がもつ力のすばらしさを学びました。

（5歳児クラス担任　木村美孔）

Chapter 3
子どもの遊びのイメージや見通しにより添い援助する保育者

動画は
こちらから

愛泉こども園 5歳児クラス（新潟県新潟市）

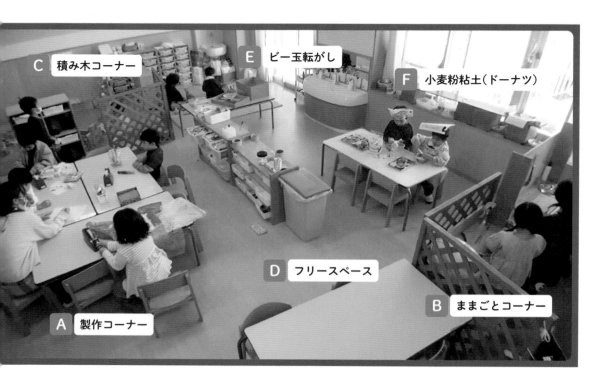

C　積み木コーナー
E　ビー玉転がし
F　小麦粉粘土（ドーナツ）
D　フリースペース
A　製作コーナー
B　ままごとコーナー

動画視聴のポイント

●遊びの見通しを仲間や保育者と考え、共有し、それに向けて進めていこうとする子どもの姿に注目してほしい。

●一人でこだわって遊ぶ子どもにより添うなど、多様な遊び方を認める保育者の姿に注目してほしい。

●素材を用いてつくって表現することを広げたり、深めたりしていく場としてのアトリエやアトリエリスタ、そして素材庫の機能に注目してほしい。

キーワード

●遊びの相談

●イメージや見通しの共有

●多様な遊び

●アトリエ

この時期、ままごとコーナーでは役割を決め、仲間とのさまざまなごっこ遊びを楽しむ姿がみられます。積み木コーナーやビー玉転がしでもイメージを共有し、仲間と一緒につくって遊ぶ姿がみられます。また、保育室前の廊下を使って仲間と場（お化け屋敷など）をつくり、そこを拠点に遊びを展開しようとする子どももいます。

一方、製作コーナーでは、一人でこだわってロボットや魔女の衣装などをつくる姿があります。保育者は製作コーナーで、一人でつくる子どもにより添いながら、保育室や廊下にある各コーナーや拠点を見取り、必要な際にはその場に行って援助しています。

愛泉こども園では、園内にアトリエを常設し、アトリエリスタを配置しています。特に、5歳児クラスの遊びの時間には、必要な際に同じフロアにあるアトリエに行き、そこで作業をすることができます。この頃は、小麦粉粘土でドーナツをつくると、アトリエに色を塗りにいく姿があります。アトリエリスタは、子どもそれぞれの作業を見守りながら、必要な際に助言したり、モデルを示したりしています。

A 製作コーナー

A児、B児、C児、D児が廊下でつくっていたお化け屋敷が、前日にほぼでき上がりました。そこでこの日早く登園した3人は、お化け屋敷を通過できた人とじゃんけんをして、勝った人にお化けのスタンプを押すことを思いつきます。そこで、この日はスタンプをつくることにします。

スポンジでスタンプをつくり始めますが、どのようにつくればいいのか、お化けを浮き出させるにはどうすればいいのか、保育者に相談します。

保育者はスタンプの仕組みを伝えたり、削り方を一緒に考えやってみたりしますが、よい方法がみつかりません。そこで、アトリエに行って、アトリエリスタに相談してみることにします。

アトリエ（2分34秒頃〜）

　A児、B児、C児は、アトリエリスタにスタンプをつくりたいことを伝え、どうやってスポンジを削ればいいのか尋ねます。

　アトリエリスタは、竹串を使って削ることを提案します。試してみると、スポンジをうまく削ることができ、これを使ってみることにします。

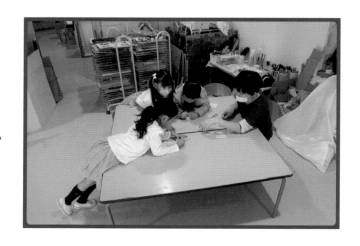

Ａ　製作コーナー

　E児とF児はドーナツ屋さんをどうつくればいいのか、保育者に相談します。保育者は、E児やF児のイメージを聞き、それに沿って設計図を描いていきます。E児とF児はお店のイメージが明確になり、つくるために必要なダンボールを素材庫に探しに行くことにします。

アトリエ（6分20秒頃〜）

　保育者は、アトリエでスタンプづくりやドーナツの色塗りをする子どもの様子を見に行きます。それぞれの作業を認めながら、状況を確認していきます。

　スタンプができたので押して試してみると、イメージしていたものとは少し違っていたようです。

A 製作コーナー

　各コーナーの遊びが安定してきたので、保育者は製作コーナーに戻り、一人でつくっている子どもにより添い、それぞれの工夫やこだわりを受けとめようとしています。

E ビー玉転がし

　遊び出しからこの場に子どもが集まって、積み木、ピクチャーレール、ホースなどを使ってコースをつくっています。コースができ、ビー玉を転がしていくなかで、誰かが言った「工場」のイメージを共有して遊んでいます。

C 積み木コーナー

　このクラスでは、つくった積み木を残しておくこともできますが、週末の金曜日には、基本的にすべてを片づけることになっています。この日は金曜日なので、この週につくられたいくつかの積み木が並んでいます。

　E児とF児はダンボール箱でドーナツ屋さんをつくると、計画の段階からこだわっていた2段の棚をつくり始めます。保育者も2人のこだわりを理解しており、実現できるよう援助します。

集まりでの遊びの振り返り（11分30秒頃～）

　集まりでは、1日で5つほどの遊びを取り上げています。仲間との遊びとともに、一人で取り組んでいる遊びもあえて取り上げるようにしています。それぞれの遊びや遊び方を認め合う機会になるからです。

　この日はドーナツを多く並べるための棚の工夫やロボットの腕の部分（関節が動く）の工夫などが伝えられます。聞いている子どもたちも、その子どもなりの工夫やこだわりに関心をもって聞く姿があります。

集まりの後の園庭での遊び（14分40秒頃～）

　午前の集まりの後は園庭での遊びです。広い園庭では、仲間とオニごっこをしたり、サッカーをしたり、身体を大きく動かしのびのびと遊ぶ姿があります。また、ビオトープでの探索や道具を使って砂場での遊びを楽しむ姿もあります。

本動画から考えられること

イメージや見通しの共有

　5歳児クラスのこの時期、具体的なイメージをもち、それを実現するための見通しを仲間と考える姿があります。保育者も子どもたちのイメージやその見通しが明確になるよう、イメージを聞き、紙などに可視化しています。

　遊び込み、継続していくにあたって、イメージや見通しを仲間と共有し、明確にしていくことで、その実行性は高まっていきます。5歳児クラスの遊びでは、見通しを立てるなど、その先のプロセスに向けた援助も大切です。

アトリエや素材庫の活用

　子どもの遊びや表現のプロセスにおいて、工夫やこだわりを表現し実現するためには、保育室の素材などでは足りないこともあります。アトリエや素材庫は、子どもの表現に対する選択肢を増やし、さらなる工夫やこだわりを引き出す機能があります。アトリエや素材庫などを活用した実践には、その場を担当する保育者との連携、その場での子どもの姿の理解やその共有が大切です。

本動画を用いたカンファレンスから学んだこと

　子どもたちの遊びのなかのつぶやきを拾うことで、遊びの展開が広がっていくことを学びました。例えば、ビー玉転がしで工場。工場ってどんなところなんだろう？と好奇心が広がります。つぶやきに気づき、遊びを丁寧に見ることを心がけるようになりました。

（5歳児クラス担任 小黒愛莉）

Chapter 4

子どもそれぞれの遊び込むに向けた 製作コーナーをベースとした援助

動画は
こちらから

愛泉こども園 4歳児クラス（新潟県新潟市）

C フリースペース

B 積み木コーナー

D 石鹸泡クリーム

A 製作コーナー

動画視聴のポイント

● 保育室全体を見取ったり、近くにいる子どもにかかわったり、製作コーナーをベースにして援助する保育者の姿に注目してほしい。

● 保育者に見守られながら、安心、安定して自分の好きな遊びに取り組み続ける子どもの姿に注目してほしい。

● 仲間と目的を共有し、それに向けて遊びを展開し、やり遂げようとする子どもの姿に注目してほしい。

キーワード

● 製作コーナー

● 見る－見られる関係

● 俯瞰した見取り

● 援助の判断

● 目的の共有

愛泉こども園の４歳児クラスでは、製作コーナーを広くとり、そこを居場所にしたり、それぞれがつくりたいものをつくったりする場にしています。

積み木コーナーでは、高く積みたい子どもや広げて玉転がしをつくって遊びたい子どもなど、積み木での遊び方が増えてきたので、最近、コーナーを広くとるようにしています。

ままごとコーナーではお家ごっこで仲間と料理をつくり、食器に入れて並べ、そして食べるといったごっこの世界をじっくり楽しむ姿があります。一方、キャラクターになりきって遊ぶ姿もありますが、その展開を見出せずに停滞してしまうこともあります。

フリースペースでは、アトリエで塗ったダンボールをつなげ、電車づくりをしています。また、１か月前より、２人の子どもによって国旗づくりが始まり、スズランテープに貼った万国旗が前日までに３本でき、保育室内に飾られています。

久しぶりに登園した子どもは、この日は保育室の隅のテーブルを居場所にして、補助の保育者とかかわりながら「ジェット飛行機」をつくっています。

B 積み木コーナー

これまでビル状にして高く積んだり、円柱状にして人が入れるよう積んだりしていたＡ児とＢ児。２日前より壁に沿って積むことを思いつき、積み始めます。「タワー」と呼び、三角形を徐々に大きくしていきながら、高くなってきたことで、ゲームボックスを足場にして慎重に積み上げています。

D 石鹸泡クリーム

このコーナーは６月頃から設定されています。最近は固いクリームをうまくつくれるようになり、それを使ったケーキづくりやケーキ屋さんに興味をもち始めています。

窓には、ケーキのイメージが湧くよう、さまざまなケーキの写真が貼ってあります。

A 製作コーナー

保育者は、製作コーナーの子どもを見取ったり、かかわったりしながら、その時々に積み木コーナー、フリースペース、ままごとコーナーにいる子どもを製作コーナーから見取っています。一方で、保育室のどのコーナーにいる子どもにとっても、製作コーナーの壁側にいる保育者の姿を確認しやすくなっています。

保育者がクラスのどの子どもにも関心をもち、見取ろうとすること、そして多くの子どもから保育者が見える環境、これらによって保育者と子どもの間に見る−見られる関係が築かれていきます。このような環境および関係を基盤にして、子どもそれぞれが安心、安定して遊びに取り組めているのです。

国旗、船、新幹線の図鑑など、仲間や個人でそれぞれが目的をもち、つくりたいものをつくっています。C児とD児は、地域にあるバスセンターのカレーからカレー屋さんに展開し、トッピングを置く棚をつくろうとしています。E児たちは、5歳児クラスの降誕劇（こうたんげき）を観て興味をもち、劇ごっこを楽しむようになります。その後、劇ごっこに必要な道具をつくり始めます。この日は、宿屋さんが花に水をあげる場面のジョウロをつくっています。

ままごとコーナー

エプロンをして身支度を整えて、料理をつくり始めています。手順を丁寧に再現しながら、料理を進めています。

場や靴が整えられており、仲間との場のイメージや見通しが共有されていることがうかがえます。

Ａ 製作コーナー

Ｅ児、Ｆ児、Ｇ児、Ｈ児はジョウロの仕組みを考えながら、分担して部品をつくっています。

保育者は、子どもがつくっているものに関心をよせ、それぞれの工夫やこだわりを認めています。

遊びが始まって約45分経過

朝の遊び出しから始めた遊びをほとんどの子どもが続けています。保育者は全体を見取りながら、必要と判断した場に援助に入ります。

万国旗づくりでは、大きなダンボールにスズランテープを巻き、つくった国旗をスズランテープに付けやすいようにしています。

　I児とJ児は、4本目の万国旗をつくり上げ、うれしそうに保育者とどこに飾るかを相談しています。つくったものが見えること、クラスの他の子どもにも見てもらえることに満足感を感じています。さらに、5本目の万国旗をつくってみたいと次の目標を掲げる姿があります。

B 積み木コーナー

　K児は円柱の積み木を転がし、それに押されて直方体の積み木が動くことに興味をもち、坂の斜度を調整しながら繰り返し試しています。一方、L児は玉を転がし、飛び上がるコースを模索しています。保育者は、それぞれの思案を理解し、共感しながら見守ったり、援助したりしています。

集まりでの遊びの振り返り（11分20秒頃〜）

　これまでのカレー屋さんの棚づくりについて紹介しています。2段の棚にした理由や過程も伝えています。さらに、その過程に保育者と設計図をつくったことを伝えます。

　棚とともに設計図を見ることで、その仕組みやつくる過程を知る機会になっています。

本動画から考えられること

製作コーナーと保育者

　保育者は、多くの時間製作コーナーの壁側に座っています。その場で近くの子どもにかかわったり、離れた場にいる子どもを見取ったりしています。一方、子どもたちのほとんどが好きな遊びに集中して取り組んでいます。保育者が動き過ぎないことで、見守られていると感じやすくなり、保育者と子どもの間に見る－見られる関係が築かれていきます。

　つくるモデルを示したり、遊び出しに不安な子どもにもより添えたりすることからも、保育者が製作コーナーのこの位置をベースにすることには大きな意味があるのです。

見取りと援助のバランス

　保育者は製作コーナーで見取ったり、援助したりすることをベースとしていますが、それぞれの遊びの状況から判断し、その場に行って援助しています。製作コーナーから見守り、クラス全体を安定させること、そしてそれぞれの場の子どもを援助することのバランスが大事になります。その判断をおこなうためにも、俯瞰して見取ることが大切なのです。

本動画を用いたカンファレンスから学んだこと

　保育者の動きや目線、言葉かけが、子どもたちの安心感や遊びの継続・深まりにつながっていると感じました。保育室全体を支えながら、子どもたち一人ひとり・遊びグループの興味を見取り、試行錯誤のきっかけや遊びの深まりが生まれるよう、援助していきたいと思います。

（4歳児クラス担任 小池佳菜）

Chapter 5

つくることや対話することを通して、社会とつながる子どもの姿

動画は
こちらから

茨城大学教育学部附属幼稚園 4歳児クラス（茨城県水戸市）

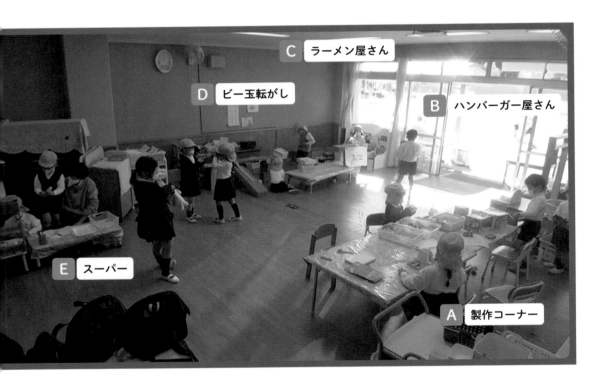

動画視聴のポイント

● 仲間とイメージした場をつくり、そこを拠点に遊びを展開する子どもの姿に注目してほしい。

● 製作コーナーなどから保育室全体を見取り、援助が必要な子どもを見極める保育者の姿に注目してほしい。

● つくることを通して地域での経験を振り返ったり、関心事を表現したりしながら、社会とつながろうとする子どもの姿に注目してほしい。

キーワード

● 拠点での遊び
● 場づくり
● 見取りと援助
● 製作コーナー
● 社会とのつながり

茨城大学教育学部附属幼稚園4歳児クラスの保育室は、製作コーナーを常設し、その他の空間はフリースペースになっています。フリースペースでは、イメージや目的に応じて積み木、つい立、テーブルなどを用いて仲間と場をつくり、その場を拠点にしてそれぞれの遊びを展開しています。拠点での遊びは数日間続くことも多いので、その日の遊びの終わりには使ったものを片づけたり、整理したりしますが、場はある程度残しておきます。遊びに区切りがついた時や週の終わりなどに、子どもと相談して場を片づけています。

　1週間ほど前から、スーパー、ラーメン屋さん、ハンバーガー屋さんといった場ができ、遊びを展開しています。この日も登園すると、それぞれの場で必要なものを出し、遊びを始めています。中には、自身の場には行くものの、その遊びの先を見出せず、戸惑う姿もあります。

A 製作コーナー

　登園後の遊び出しから、多様な素材のなかから好きなものを選び、自分なりのイメージをつくって表現する子どもの姿があります。

　製作コーナーでは自分のペースで進められることもあり、それぞれが安心してつくり続けています。

D ビー玉転がし

　A児、B児、C児、D児の4人は積み木でビー玉転がしをつくり始めます。4人のイメージがうまくかみ合っていないようなので、保育者はどうしたいのかを尋ねます。紙コップをゴールにする、ビー玉をガムテープの芯に当てて転がす、カーブさせて転がすなど、子どもから出てきた案を保育者が整理して改めて伝えています。

E スーパー

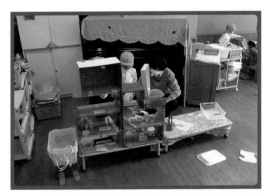

E児、F児、G児は、保育者がこの場に来ると、つくった商品のバナナやミニトマトのことをうれしそうに話します。保育者もそれに応え、認めます。

保育者が、他に何が必要かを尋ねたことをきっかけに、F児とG児は納豆をつくることにします。納豆の色、粒、そしてカラシをイメージして言葉にしています。そして納豆をつくるための材料を探しに、保育者と教材室へ行きます。

教材室で黄色や茶色の画用紙、白い容器を見つけ、自分たちの場（スーパー）に持っていきます。

製作コーナーからそれぞれの遊びを見取る保育者

場での遊びが落ち着いてきているなかで、保育者は製作コーナーの壁側に座り、保育室全体のそれぞれの遊びを見取ります。製作コーナーで個々につくる子どもを見るとともに、この場から俯瞰的に見ることで、クラスの子どもそれぞれの状況が見取りやすくなります。

C ラーメン屋さん

　保育者は、ラーメン屋さんが停滞しその場から離れていたH児とI児の姿を見取り、声をかけにいきます。ハンバーガー屋さんのお客をしていることを認めた上で、ラーメン屋さんを改めて展開していけるよう言葉かけをします。

　さらに、ラーメン屋さんとしての場がわかりづらくなっていたので、保育者は場の内と外が明確になるよう、つい立を置くことを提案します。場のなかも整理して、改めてラーメン屋さんが展開していけるよう、援助しています。

　ラーメン屋さんの場が整ったことで、場のイメージが明確になり、改めてラーメンをつくり出すH児の姿があります。

　ビー玉転がしでは、積み木を積み直し、新たなコースをつくっています。

A 製作コーナー

　それぞれの場で仲間との遊びが展開されるなか、製作コーナーでは一人でアクセサリーやキャンピングカーなどをこだわって、つくり続ける子どもの姿があります。

81

E スーパー

　保育者がスーパーを訪れると、E児、F児、G児がつくっていた納豆が3つでき上がり、棚に並べてあります。納豆の粒もつくれたことがこだわりで、満足そうにしています。

　保育者は納豆の入った容器を手に取り、よく見てみると、「からい」と書かれた黄色の紙（カラシ）が入っています。この工夫も保育者に伝えられたことでうれしそうにしている子どもの姿があります。

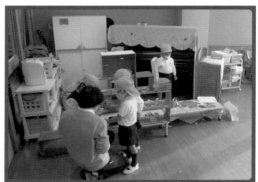

C ラーメン屋さん　E スーパー

　G児がスーパーからラーメン屋さんに納豆を持ってきて、納豆ラーメンができたことをきっかけに、ラーメン屋さんのH児とI児はラーメンの材料を買いにスーパーへ行くことにします。保育者の言葉かけもあって、それぞれの場での遊びが意味をもってつながろうとしています。

C ラーメン屋さん

ラーメン屋さんが展開していくなかで、その場へのこだわりもみられます。湯切りザルを吊るして置きたくなったのです。しかし、どうすれば湯切りザルを吊るせるのかがわからずに戸惑います。

その様子を見ていたJ児が吊るすのに必要なフックのことを伝えます。そして、J児は製作コーナーに行き、ビニールテープでフックをつくり、持ってきます。そのフックを使い、湯切りザルを吊してみることにします。

遊びの振り返り（11分9秒頃～）

保育者は、スーパーやラーメン屋さんのような仲間との遊びとともに、個人で取り組んでいたさまざまな遊びも取り上げます。クラスの子どもそれぞれが多様な遊びをしていることに気づき、認め合う機会にしたいからです。副担任と連携しながら、フックづくりでの多様な参加の仕方も他児にも伝わるようにしています。

ラーメンのつくり方を実演してみたり、製作コーナーでつくっていたキャンピングカーのラジコン操作が具体的に伝わるようにしたりするなど、子どもそれぞれが遊びのなかで工夫したことやこだわったことが他児に伝わるよう援助しています。

本動画から考えられること

全体の見取りと個々への援助

　保育者は、クラスの子どもそれぞれを見取り、特に遊びが停滞している、もしくは停滞しそうなグループや個人を援助しています。例えば、ラーメン屋さんごっこの状況を見取り、援助することで、その遊びが改めて展開する場面があります。

　集団保育において、子どもそれぞれの遊びが多様に展開されていくなか、その時々で援助が必要な遊びの優先度があります。それを見極めるためにも、時には子どもの遊びから離れ、俯瞰的にクラス全体を見取ることが大切なのです。

社会とのつながり

　スーパーやラーメン屋さんなど、子どもがその遊びに必要なものをつくったり、場をつくったりしています。つくることや対話を展開していくことで、子どもは実際に見たことや地域での経験を振り返っています。また、つくることを通して、さらに身のまわりのことに関心を向け、見ようとしたり、知ろうとしたりすることにつながっていきます。つくることと対話することの積み重ねは、社会とのつながりを深めていくプロセスになっているのです。

本動画を用いたカンファレンスから学んだこと

　カンファレンスを通して、言葉かけの適時性、環境構成、振り返りによる情報共有の大切さなど、さまざまなことを学ぶことができました。また、保育を振り返り、子どもの"やりたい"を受けとめ、実現していけるよう援助するには何が必要なのかを改めて考えていく契機となりました。

（4歳児クラス担任　小野貴之）

コラム❻ 茨城大学教育学部附属幼稚園の日々の記録と子どもへのフィードバック

日々の記録

　本園の日々の記録は、主に1日3～4件のエピソード記録をとっています。保育業務支援システムの Child Care Web を使って、各エピソード記録にその遊びなどに参加していた子どもの名前、関連する「幼児期の終わりまでに育ってほしい姿」、そして写真を紐づけて入力しています。

　各記録に子どもの名前がタグづけ（紐づけ）られていることで、個人記録（e ポートフォリオ）としての蓄積もなされ、事後の活用もしやすくなります。

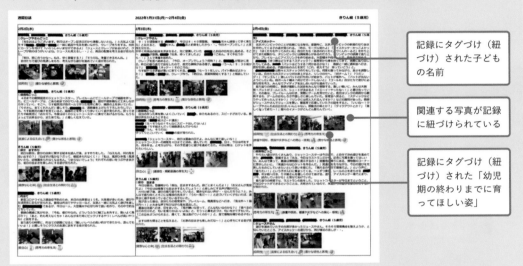

記録にタグづけ（紐づけ）された子どもの名前

関連する写真が記録に紐づけられている

記録にタグづけ（紐づけ）された「幼児期の終わりまでに育ってほしい姿」

フォーマティブ・アセスメント（ラーニングストーリー）

　茨城大学教育学部附属幼稚園では、各学期末に日々の記録のタグづけによって蓄積された個人記録（e ポートフォリオ）を活用して、学期ごとに右のような「フォーマティブ・アセスメント」を子ども向けに編集し、一人ひとりにフィードバックしています。

　形成的アセスメントとして、子ども一人ひとりの良さが可視化され、認められることで、それぞれの自信につながっていくことが考えられます。さらに、クラスの子ども一人ひとりの良さが保育者から認められる機会があることは、集団保育において保育者と子どもそれぞれが安定した関係を築いていくプロセスにもなっていることが考えられます。■

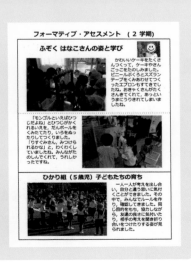

Chapter 6
場づくりや場の調整における 保育者の援助

動画は
こちらから

港区立芝浦幼稚園 4 歳児クラス（東京都港区）

A フリースペース

B 中型積み木

C 製作コーナー

動画視聴のポイント

● 子どもが積み木やゴザなどを用いてそれぞれの遊びの場をどのようにつくり出しているのか、またその場でどのように遊びを展開しているのかに注目してほしい。
● 子どもの場づくりにおいて、場づくりのモデルを示したり、場を調整する保育者の援助に注目してほしい。
● 場での遊びを展開していくために、製作コーナーがどのように活用され、機能しているのかに注目してほしい。

キーワード

● 場づくり
● 場の調整
● 製作コーナー
● フリースペース
● タブレットの活用

港区立芝浦幼稚園では、保育室や園庭で子どもが中型積み木、巧技台、マット、ゴザ、いすなどを用いて、自分の遊びの場をつくり、その場を拠点に仲間や個人で遊びを展開していくことを大切にしています。したがって、4歳児クラスの保育室での遊びでは、製作コーナーのみが設置され、他の場所は基本的に子どもたちが自由に活用できるフリースペースになっています。

　製作コーナーでは、何かをつくることを目的にして、つくり続けながらこの場（製作コーナー）を居場所にする子どもがいます。また、自分の場がある程度つくれたことで、場での遊びに必要なものを素材などを用いてつくる子どもの姿もあります。

Ａ フリースペース

　遊びの時間が始まり、子どもそれぞれが仲間と棚を動かしたり、中型積み木を出したりして、場をつくり始めます。保育者は子どもそれぞれの場のイメージを確かめ、先を見通しながら、場の位置を調整したり、机を片づけ、フリースペースを広げたりしています。

　全体のスペースは限られているので、子どもそれぞれがつくる場での遊びがこの先も展開していけるよう、保育者は遊び出しの段階からある程度それぞれの場の位置や広さを調整しています。

Ｂ 中型積み木

　Ａ児は、他の子どもが中型積み木で場をつくる様子をじっと見ています。その後、Ａ児も中型積み木を取り出し、自分の居場所となる場をつくり始めます。

A フリースペース

B児とC児は、隣同士でそれぞれに先日にも遊んでいた動物の家づくりを始めますが、お互いの家をつなげて2人で大きな家にすることにします。

2人の家のイメージはいまだ曖昧なところもありますが、保育者が積み木を動かして場の調整をしたり、場のイメージを聞いて確認したりすることで、2人の家づくりはさらに展開していきます。

C 製作コーナー

製作コーナーでは、子どもが素材や道具を取り出し、クリスマスの飾り、動物、額縁をつくるなど、それぞれがやりたいことをそれぞれのペースで進めていく姿があります。

それぞれの居場所づくり

1人や少人数で中型積み木やゴザなどを使って、自分なりにイメージした場を工夫してつくっています。その場を居場所にして、それぞれが安心して遊ぶ姿がみられます。

A フリースペース

保育者は、B児とC児の遊びがや
や停滞している様子を見取ります。
そこで、家のイメージが明確になり、
共有されることで、遊びを展開でき
ればと考え、家に置くテーブルを持
ってきます。

A フリースペース

テーブルが家の中に置かれると、B児とC児は
そこにいすや食器を持ってきて並べます。並べ終
えると、2人で食事をするふりをするなど、お家
ごっこが進んでいきます。

保育室全体の遊びを見取る保育者

　保育者は、製作コーナーでつくる子どもを援助しながら、その場から保育室全体を見取
り、子どもそれぞれの遊びの状況を確認しています。場ができたことで、それぞれの場で
仲間と遊びを進める子どもの姿があります。

動物園への参加（12分54秒頃〜）

　昼食後、5歳児クラスの子どもたちが、ホールにつくった動物園に参加します。キリン、パンダ、チーターなど、動物それぞれの特徴を表現したコーナーを回り、餌をあげたり、動物に乗ったりなどして遊びを楽しみます。

　4歳児クラスの子どもにとって、5歳児クラスの子どもが工夫してつくった動物園（場やもの）を見たり、その場で実際に遊んだりすることは、自分たちで場やものをつくり出して遊ぶことの大切なモデルになっています。

振り返り（13分55秒頃〜）

　集まりでは、動物園での体験を保育者が撮った写真や動画を見ながら振り返ります。5歳児クラスがつくった動物園で遊んで感じたことを言葉にしたり、題材にした動物の生態（餌、大きさなど）にも関心をもったりして、話が広がっていきます。

　保育者が子どものつぶやきにも応答することで、感じたり、思ったりしたことをすすんで言葉にする子どもの姿があります。

本動画から考えられること

場づくりを調整する保育者

　4歳児クラスの子どもが場（空間）を調整するには難しさもあります。子ども同士による場の調整も大切ですが、それぞれの遊びがスムーズに展開し発展していけるよう、特に遊び出しの段階で、保育者がある程度場を調整することが大切です。

場での遊びに必要なものをつくる

　場ができて遊びが展開されるなかで、お家ごっこのパソコンなど、必要なものをつくる子どもの姿があります。場での遊びが継続していくためには、その遊びに必要なものを新たにつくり出していくことが大切です。自由につくることができる製作コーナーは、場での遊びにおいても有効な機能を果たしていることが考えられます。

タブレット（写真や動画）の活用

　集まりでは、保育者が撮影した写真や動画を使って、動物園での経験を振り返っています。写真や動画を見ることで、経験を具体的に思い出し、言葉にする子どもが多くいます。振り返りにおいて、タブレットなどによる写真や動画の活用は、経験の言語化を促すことに有効です。

本動画を用いたカンファレンスから学んだこと

　動画を視聴し自身の保育を振り返ることで、援助をした後、子どもがどのように遊びを展開していたか、保育者の話をどのように聞いて発言しようとしていたかなど、援助や言葉かけ、環境構成などについて省察することができました。客観的に保育を捉えることの重要性を実感しました。　　　　　　（4歳児クラス担任　横山洋子）

Chapter 7
つくることを通して、それぞれの関心事を表現する子どもの姿

動画は
こちらから

栄光こども園 4歳児クラス（新潟県新潟市）

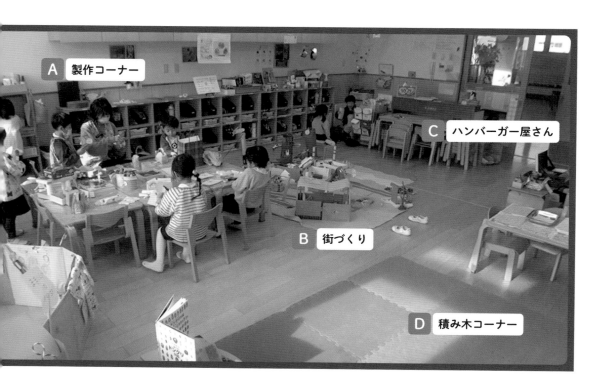

A 製作コーナー
C ハンバーガー屋さん
B 街づくり
D 積み木コーナー

動画視聴のポイント

●それぞれの関心事をつくることを通して表現する子どもの姿や、それを支える製作コーナーや素材・道具棚の機能について注目してほしい。

●離れた場から子どもを見取りながら、必要な際に援助する保育者の姿に注目してほしい。

●遊びや集まりのなかで、知りたい思いを表したり、図鑑などの情報を取り入れようとする子どもの姿に注目してほしい。

キーワード

●製作コーナー
●モデルとしての保育者
●街づくり
●知的好奇心
●家庭での情報収集

登園後に身支度を整えた子どもから遊び始めています。この時間は、多くの子どもが製作コーナーの棚から素材を選び、車など自分がつくりたいものをつくっています。保育者は子どもが安心してつくって遊び出せるように、製作コーナーに座り、その場から子どもたちを見守っています。

フリースペースでは、2週間前から、子どもそれぞれがつくった家や人形などを置き、それを使って遊ぶ街づくりが進んでいます。

ハンバーガー屋さんごっこができる場が設定されています。レジを置き、ポテトをつくれるよう短冊に切った色画用紙を置いています。ハンバーガー屋さんに必要なものを子どもが考え、つくりながら展開できるようにしています。

A 製作コーナー

製作コーナーのそばには、子どもが多様な素材や道具のなかから自分で選択して取り出せるよう、大きな棚が置かれています。棚には、多様な色のスズランテープ、ビニールテープ、紙テープ、色画用紙などが置かれています。

子どもが家庭から持ってきた廃材（空箱など）を仕分けできるよう、大きなケースが置いてあります。

B 街づくり

製作コーナーでドールハウスをつくり、人形を行き来して遊んでいる姿があったことから、保育者は子どもと相談して、街づくりをすることにしました。

また、虫に関心がある子どもがいたので、保育者は子どもとムシムシランドをつくっています。さらに保育者は、海をイメージできるよう色画用紙で海をつくっています。

A 製作コーナー

保育者はタイヤに黒のビニールテープを巻くなど、車づくりのモデルを示しています。時々保育者を見ながら、子どもたちは車をつくったり、絵を描いたりするなど、それぞれがつくりたいものをつくっています。

C ハンバーガー屋さん

子どもたちが、サンバイザーをかぶったり、ポテトやハンバーガーをつくり始めたりと、場のイメージを共有しながらそれぞれがこのお店でやりたいことをみつけ、開店の準備をしています。

B 街づくり

保育者は自身がつくった車を街に持って行き、つくったもので遊ぶモデルを示しています。また、その場からもハンバーガー屋さんや製作コーナーの子どもを見取ろうとしています。

C ハンバーガー屋さん

前日、A児がつくった温泉（98頁）が集まりで紹介され、温泉マークのことが話題になりました。すると、B児は家庭で調べ、温泉マークを描いて持ってきます。A児に見せに行くと、他の子どもも集まってきて興味津々です。

B 街づくり

C児とD児が、ドールハウスと人形を使ってオニごっこをしようとしています。オニ役のC児が数を数えています。保育者はその様子に気づき、見守っています。

製作コーナーと街を行き来しながら、つくっては遊び、遊んではつくる子どもの姿があります。

街を眺めていたE児に、保育者はカブトムシをつくることを提案します。さらに図鑑を持ってきて、E児と一緒に見ながら、どのカブトムシをつくるかを相談します。他にも虫に興味がある子どもが集まってきます。

C ハンバーガー屋さん

保育者は、子どもがポテトの容器づくりに戸惑っている様子に気づき、援助に行きます。テーブルの上にあるものを整え、容器づくりの過程が示された画用紙を見せながら説明します。

A 製作コーナー

保育者は2階建てのドールハウスをつくろうとしているF児の話を聞き、認めながら、そのイメージが実現できるよう援助します。G児の車やH児の花など、子どもの工夫を認める保育者の姿があります。

遊び始めから50分経過

多くの子どもが仲間や個人でそれぞれの遊びに向き合い、進める姿があります。保育者は、製作コーナーを整えながら見守ったり、かかわったりしています。

B 街づくり

A 製作コーナー

C ハンバーガー屋さん

C ハンバーガー屋さん

ハンバーガー屋さんにお客さんがいないことに気づいた保育者は、「先生お腹空いた、マック行ってこようかな」とつぶやきながらハンバーガー屋さんに向かいます。保育者がお客さん役をすると、他の子どももそれを見てお客さんになります。

ハンバーガー屋さんではハンバーガーとポテトを複数準備していたので、やってきたたくさんのお客さんとのやり取りもスムーズに展開しています。

ままごとコーナーは、ハンバーガー屋さんの食事スペースになっています。お客さんになった保育者と子どもたちは、買ったハンバーガーやポテトを食べながら、会話を楽しんでいます。

A 製作コーナー

ムシムシランドに置いてみたい虫が決まり、図鑑を見ながらクワガタムシをつくっています。クワガタムシのはさみや6本の脚など、その特徴に関心をもちそれらを表現しながら、つくる子どもの姿があります。

遊びの振り返り（12分頃〜）

保育者は、子どもが魔法使いの衣装の飾りに使おうとしたドングリからドングリムシ（ゾウムシの幼虫）が出てきたことを話題にします。ドングリムシのことやドングリムシがいるドングリとそうでないドングリの見分け方など、自分が思ったことや考えたことを素直に言葉にする子どもの姿があります。

さらに保育者は、Ｂ児が家庭で調べ描いてきた温泉マークのことを話題にします。前日、温泉をつくったＡ児がその温泉マークを貼りたいと言います。そこから温泉マークの色や温泉そのものの色へと関心が広がり、保育者と子どもの対話が進んでいきます。

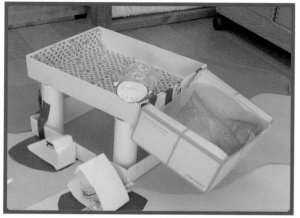

本動画から考えられること

共通のテーマによる遊びの展開

　街づくりといったテーマや環境があることで、2階建ての家、クワガタムシ、タコなどがつくられたように、子どもそれぞれの思いやイメージが明確になり、つくる遊びが活発になっています。さらに、仲間とイメージを共有して遊ぶことやお互いがつくったものにも関心をもち合うことにもつながっています。

　ムシムシランドや海のシートを加えたことで、子どもの多様な関心事を引き出しています。それぞれの関心事を遊びに取り入れることで、子ども自身が調べたり、つくって表現したりしながら知的好奇心を育んでいます。

家庭で調べた情報を遊びに

　本動画では、遊びや集まりで話題になった温泉マークを、家庭で調べ描いてきた子どもの姿がありました。遊びが発展していくためには、新たな情報が必要な場合があります。園にある図鑑やインターネットなどで調べることもありますが、家庭で保護者と調べた情報も遊びの発展に有効な情報になります。保護者の理解や協力を得ながら、子どもの好奇心により添っていくことが大切です。

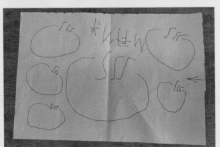

本動画を用いたカンファレンスから学んだこと

　保育者は、子ども自身が遊びを選択し素材や道具を使ってつくり出すことができるよう環境を設定することや、子どもがつくったもの、考えたことに対し"もっと教えて"と関心のある姿勢を表現することが大切だと学びました。

（4歳児クラス担任　野﨑千紗都）

Chapter 8

それぞれの遊びの拠点で遊びを展開し、深めていく子どもの姿

動画はこちらから

向山こども園 4歳児クラス（宮城県仙台市）

A 忍者　B 水族館　C カフェ　D 降誕劇の小道具　E 製作コーナー

動画視聴のポイント

- 前日のカンファレンスを活かしながら、保育者がどのように子どもを見取り、援助しているのかに注目してほしい。
- 子どもがつくる遊びの拠点で遊びを展開し、遊び込むことにどのようにつながっているのかに注目してほしい。
- 図鑑などの情報を活用することにより、子どもの遊びがどう広がり、深まっていくのかに注目してほしい。

キーワード

- カンファレンス
- 遊びの拠点
- 場づくり
- 図鑑の活用

　向山こども園では、14時半までの教育課程にかかる教育時間（おひさまの時間）後のノンコンタクトタイムに、ほぼ毎日30分ほど、カンファレンスをおこなっています。カンファレンスは、学年ごとに、各クラスの担任と学年主任（スーパーバイザー）でおこなわれます。まずは担任から、当日の子どもの姿が話され、他の担任や学年主任と対話しながら、その子どもの言動の意味や明日以降の援助などについて考える時間になっています。

　冬のこの時期、午前中は保育室での遊びが中心になっています。保育室内はそのほとんどがフリースペースで、子どもが仲間や個人でつい立やゴザなどを用いて場づくりをしています。拠点で日をまたいで、遊びが展開できるよう、保育者は環境構成や援助をおこなっています。

　なお、本動画の記録日はコロナ禍のため多くの子どもが欠席をしています。

前日のカンファレンス

　カンファレンスでは、1週間ほど続いている忍者ごっこの子どもの姿が話題になります。拠点ができ、そこを居場所にすることを楽しめていますが、その先の見通しやイメージの共有が十分にできず、うまく遊びを展開できずにいることが同僚と共有されます。カンファレンスを通して、丁寧にこの遊びを見取り、必要に応じて援助していくことが確認されます。

A 忍者

　保育者は、遊び出しの段階から十分に遊びに向き合えていないことを見取り、援助に入ります。

　前日からつくり始めていた忍者食のことを振り返りながら、今日はどのようにこの遊びを進めていくのか、仲間と共有できるよう話しています。

B 水族館

この日は、一緒におこなっていた仲間が欠席したため、A児が一人で水族館づくりの続きに取り組んでいます。

A児は、地域の水族館で見た黒い床を思い出し、数日前より、プラスチックダンボールに黒のビニールテープを貼って水族館の床をつくっています。

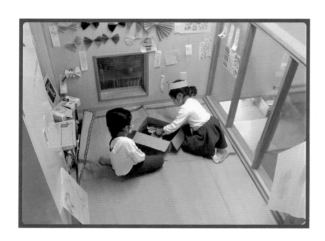

F 動物園

B児とC児は、1週間ほど前から、ロフトの奥に場をつくり、ここを拠点に動物園ごっこをしています。

飼育員やうさぎなどの動物になったり、つくったうさぎの赤ちゃんのお世話をしたりしながら、遊びを展開しています。

E 製作コーナー

D児は、3日前より、ダンボールをつなぎ合わせて、いくつも電車をつくっています。一つの電車ができると紐を通し、柱と柱の間に展示しています。

この日も遊びの時間が始まると、すぐにダンボールを取り出し、電車づくりを始めます。今日は電車の色塗りにこだわっているようです。

A 忍者　　B 水族館　　F 動物園　　C カフェ　　D 降誕劇の小道具　　E 製作コーナー

遊びが始まって約40分経過

　それぞれの拠点での遊びが安定して進んでいます。

　中央のテーブルでは、10日後にあるクリスマス会（降誕劇）で演じる天使の衣装をつくっています。保育者が演じる降誕劇の動画を見たり聴いたりして、時々動画に合わせ歌いながらつくっています。

B 水族館

　水族館の床がある程度できると、A児は図鑑を見ながら、水族館に展示する魚を探します。

　図鑑で見つけたタチウオが気に入り、プラスチックダンボールでつくろうとします。保育者は、A児の思いに共感し、できることを見極めながら援助しています。

宇宙

　一緒に遊んでいた仲間が欠席したため、E児は宇宙をテーマにした拠点で、一人で遊びを進めています。

　この日はかさ袋とスズランテープを使って、ロケットをつくろうとしています。かさ袋に細く割いたスズランテープを入れ、膨らませるとロケットができ上がります。投げたりしながら、スズランテープの揺れ具合を確かめています。

　保育者は、E児の姿に気づき、E児なりのロケットづくりを認めています。

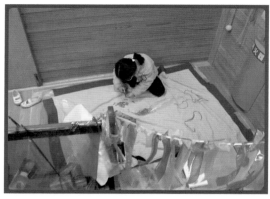

A 忍者

　小さめのダンボール箱を被ることで忍者の頭巾がイメージされ、忍者になりきって追いかけっこをする子どもの姿があります。

　その姿に気づいた保育者は、ダンボールを被っている姿や子どもがつぶやいたイメージ（どろぼう忍者）に共感し、認めます。さらにそのイメージらしく、そして安全に遊べるよう、改良することを勧めます。

　忍者の図鑑を見ながら、ダンボールカッターを使ってどろぼう忍者の頭巾をつくろうとする子どもの姿があります。

本動画から考えられること

拠点での遊び

　それぞれの遊びやテーマに応じた場をつくり、そこを拠点に遊びを進めていくことは、仲間とのイメージや先の見通しの共有がしやすく、遊びが安定して長期的に継続していくことにつながっていきます。

　保育者も拠点があることで、クラスの子どもそれぞれの遊びが見取りやすくなり、遊びの状況を見極めながら必要な際に援助することを可能にしています。

図鑑の活用

　子どもの関心に関連する図鑑が用意され、その情報を活用しながら遊びを展開している姿があります。図鑑などから得られる新たな情報によって、遊びの広がりや深まりにつながっていくことが考えられます。

拠点からの遊びの振り返り

　拠点での遊びでは、場づくりも大切なプロセスになるため、この日はそれぞれの拠点から遊びを紹介しています。それぞれの遊びやその拠点に対するこだわりが伝わりやすい振り返りの工夫も大切です。

本動画を用いたカンファレンスから学んだこと

　子どもたちの遊びが展開し深まっていくためには、保育者が日々遊びを振り返り、それぞれの拠点でおこっていることを一つひとつ丁寧に話し、課題を共有することで、より具体的な環境構成や援助に活かされることを学びました。

（4歳児クラス主任 細川美穂）

Chapter 9
子どものそれぞれの思いや考えを受けとめ、援助する保育者

動画は
こちらから

おだ認定こども園 4歳児クラス（東京都多摩市）

C 倉庫
B ドングリ転がし
D 砂場
A かくじゅう（十字オニ）

動画視聴のポイント

- 子どもがオニごっこを自分たちで展開するための保育者の援助について注目してほしい。
- 集まりなどで、子どもなりの思いや考えを受けとめ、認める保育者の姿に注目してほしい。また、安心して自分の考えを伝えようとする子どもの姿に注目してほしい。
- さまざまなものを使って、仲間とイメージした場をつくり、そこを拠点に遊びを展開する子どもの姿に注目してほしい。

キーワード

- モデルとしての保育者
- 観察学習
- 機会教授
- 場づくり
- 集まりでの対話

おだ認定こども園の4歳児クラスでは、保育室で素材や遊具などでじっくり遊ぶことを大切にしています。あわせて、オニごっこ、砂遊び、ボール遊び、自然や身近な動植物とのかかわりなど、園庭ならではの遊びも大切にしています。

　さらに園庭では、子どもが場をつくり、そこを拠点にして仲間とごっこ遊びなどを展開できるよう環境を整えています。園庭は複数のクラスが使用するので、担当するクラスの子どもを見取ることを大事にしながら、保育者間で連携して、クラス以外の子どもにも対応していくようにしています。

　この日の午前は、長い時間園庭で遊ぶ予定だったので、2つの4歳児クラスの保育者が事前に相談し、園外保育で拾い集めたドングリを使ってドングリ転がしをすることを子どもに提案してみることにします。

　なお、動画や写真でピンク色の帽子を被っているのは対象クラスの子どもたちです。青色の帽子は同学年の隣のクラスの子どもたちです。

Ａ　かくじゅう

　A児の提案から、この場に集まった子どもたちはかくじゅう（十字オニ）をすることにします。保育者は、白線を引くためにライン引きを取りに行きますが、子どもたちはその間にも脚でラインを引こうとします。また、オニ決めも子どもたちでおこなう姿があります。

　保育者は、子どもの意向に沿いながらラインを引いたり、ルールの確認をしたり、そして2人目のオニの役を担ったりして、かくじゅうに参加します。保育者が参加し、近くで見守っていることで、安心してこのオニごっこを進めようとする子どもの姿があります。

かくじゅう

　保育者はB児とともにオニ役をすることになります。身体を大きく動かしたり、感情を豊かに表現したりしながらオニ役を楽しみます。このような保育者の姿は、オニごっこでの遊び方、特にオニを担うことのモデルになっています。また保育者は、かくじゅうの周回の仕方が逆になった時など、状況に応じてルールに気づかせたり、考えさせたり、伝えたりしています。

　保育者がオニごっこに参加することで、保育者の姿から見て学ぶ（観察学習）、参加し自分なりに進めながら必要な際に教えられる（機会教授）というように、子どもが主体的に遊びを学ぶ機会になっています。

　子どもたちがオニごっこなどを自立して取り組むようになっていく、そのプロセスにおいて保育者の役割は大きいのです。

　隣のクラスのC児がドングリ転がしのコースができたことを伝えにきます。保育者は、ドングリ転がしにも興味をもってほしいこともあり、C児の話がよく伝わるよう仲立ちをします。

　かくじゅうの子どもたちは、関心を示しますが、今はかくじゅうをしたいことを伝え、遊びを続けます。

A かくじゅう

保育者はかくじゅうを見ていたD児に声をかけます。D児の意向もあり、保育者はD児とドングリ転がしに向かいます。

保育者は、ここでのかくじゅうは子どもたちで進めていけると判断しています。ここから数回、他の子どもも入ったりしながら、子どもたちでかくじゅうが進められていきます。

B ドングリ転がし

ドングリ転がしをおこなっているなかで、ドングリが入ったバケツにドングリムシ（ゾウムシの幼虫）がいることを子どもが発見します。他の子どもも興味をもち、バケツのなかを探してみると、他にもドングリムシがいることに気づきます。

さらに、いくつものドングリに小さな穴が開いているのを見つけます。子どもたちは、ドングリムシがどこから来たのか、ドングリの穴とドングリムシとの関係が気になり、穴の開いたドングリを割ろうとします。

保育者は、子どもの発見や不思議に思う姿、そして割ってみようとする思いに共感し、見守っています。

C 倉庫

倉庫には、ベンチ、いす、テーブル、ゴザなど、子どもたちが自分で運び、場づくりに使うことのできるものが多数置いてあります。倉庫脇はあえて遊具などを置かず、場づくりがしやすいようフリースペースにしています。

この日はドロケイをおこなうため、警察署をつくっています。保育者は、この場づくりを認め、さらにドロケイが展開できるよう、ドロボウ役になります。

遊びの振り返り（9分46秒頃〜）

子どもからドングリムシの話題が上がります。ドングリムシとは何なのか、ドングリから出てきたのか、そもそもどこからやってきたのかなど、その不思議さに興味をもち、子どもそれぞれが自分なりに思ったことや考えたことを言葉にします。

保育者は違う意見であっても、それぞれを受けとめています。自分で考え、伝えられたことの大切さを話しています。

本動画から考えられること

子どもの思いを受けとめる保育者

保育者は遊びのなかで表れる子どものさまざまな思いを丁寧に受けとめ、応答しています。子どもにとって思いを受けとめてくれる保育者の存在は、広い園庭においても、安心、安定して遊ぶための基盤となっているのです。

園庭での場づくり

いす、テーブル、ゴザなどを使った場づくりは、場のイメージを共有し、そこを拠点に仲間と遊びを展開していくことにつながっていきます。警察署など、仲間と時間をかけて場をつくる子どもの姿があります。園庭での遊びにおける場づくりは、仲間と遊び込むことに向けた大切な環境の一つなのです。

思いを伝え合う場としての集まり

集まりにおいて、子どもそれぞれが思いや考えを素直に表現しています。保育者はホワイトボードを活用して、出てきた考えを可視化しています。保育者や他児に思いや考えが伝わり、受けとめられる、その関係が集まりでの表現を豊かにしていくのです。

本動画を用いたカンファレンスから学んだこと

サークルタイムでは、子どもが話題を決めたり、自由に発言できるよう、対話を大事にしています。「話すって楽しい！」「言っていいんだ！」という気持ちを引き出せるよう心がけました。サークルタイムの経験が、年長組の主体的な活動や話し合いの場に活かされることを願っています。

（4歳児クラス担任 原翔真）

Chapter 10

経験からの関心事をつくることで、表現し楽しむ子どもの姿

動画は
こちらから

認定こども園あかみ幼稚園 4歳児クラス（栃木県佐野市）

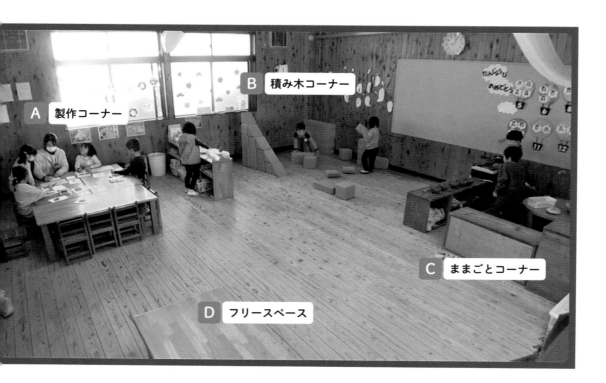

A 製作コーナー
B 積み木コーナー
C ままごとコーナー
D フリースペース

動画視聴のポイント

● 家庭などでの経験をもとに、遊具（カルタ）をつくり出し、遊びを展開する子どもの姿に注目してほしい。

● クラスの子どもそれぞれを関心をもって見取り、必要に応じて援助する保育者の姿に注目してほしい。

● 多様な子どもが一緒に生活する集団保育において、安定した関係を築くための取り組みや援助に注目してほしい。

キーワード

● 製作コーナー
● カルタづくり
● モデルとしての保育者
● 俯瞰的な見取り
● 同調性

認定こども園あかみ幼稚園の４歳児クラスでは、午前の遊びの際には製作コーナー、積み木コーナー、ままごとコーナーを常設しています。また、遊びに応じて子どもが自由に場を使えるようにフリースペースを設けています。

製作コーナーの棚には、空き箱、折り紙、画用紙などの素材、ハサミ、セロテープなどの道具が置かれ、子どもが選んで取り出せるようになっています。

このクラスは、担任と副担任の２名の保育者が担当しています。担任は、遊びの際は主に製作コーナーの壁側に座り、製作コーナーの子どもを見取ったり、かかわったりします。さらに、他のコーナーで遊ぶ子どももこの場所から見取るようにしています。

A 製作コーナー

前日（冬休み明け初日）、家庭でのお正月の経験からA児がカルタの取り札をつくり始めます。その様子を見て、B児とC児が加わり一緒につくっています。

この日、A児、B児、C児はつくったカルタで遊びたいという思いもあり、登園するとすぐにカルタをつくり始めます。D児もカルタに興味をもち、そこに加わってつくり始めます。

B 積み木コーナー

E児は、この時点で登園していないF児と前日おこなったガムテープ芯を転がすコロコロコースをつくり始めます。その様子を見てG児も積み木を取り出し、自分なりのイメージで積み始めます。

C ままごとコーナー

　H児とI児は、登園すると前日からのレストランごっこを始めます。H児は製作コーナーからお花紙を持ってきて料理をつくり、I児はいすを運んだり、食器を並べたりして、レストランの場をつくります。料理や場をつくりながら、イメージが共有されていきます。

A 製作コーナー

　でき上がったカルタ（取り札）が増えて、言葉と描かれた絵を確かめ合っています。
　製作コーナーでは、自由につくりたいものをつくることができます。多くの子どもがカルタをつくるなか、折り紙をしたり、絵を描いたりする子どももいます。

A 製作コーナー

　子どもがつくったカルタの一部。「いちご」「まま」「ねこ」「ほし」「みみず」「とまと」のカルタです。
　まずはカルタにする頭文字を決め、その頭文字からなる言葉を仲間や保育者と話しながら考えています。言葉を考えることやその言葉に応じた絵を描くことを楽しむ子どもの姿があります。

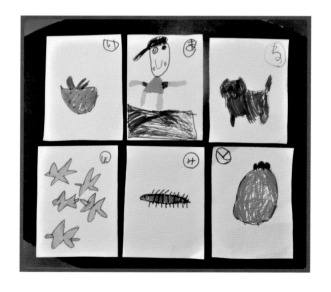

B 積み木コーナー

　E児は、コロコロコースをつくり変え、滑り台をつくります。積み木では滑りづらかったので、布を敷くなどの工夫をして、よく滑るようにしています。

　E児が滑って遊ぶ様子を見て、興味をもったH児とⅠ児がやって来ます。3人は、繰り返し滑って遊びます。

D フリースペース

　カルタがたくさんできたことで、広い場所で遊ぶことにします。床の上に大きな布を敷き、カルタを並べ始めます。

　これまで園でカルタをしたことはほとんどなく、読み手を誰がするのか戸惑います。D児が読み手をすることになり、カルタが始まります。D児は頭文字のみを読み、子どもたちはそのカルタを探して取ろうとします。保育者は、子どもがカルタを取ると「うさぎのう」「てぶくろのて」などと言い、頭文字だけではなく絵を表す言葉にも関心がもてるよう促します。

　後から登園した子どもがカルタで遊ぶ様子に興味をもち、じっと見ています。

D フリースペース

保育者は、子どもたちのカルタが進み始めると、その場から製作コーナー、積み木コーナー、ままごとコーナーにいる子どもを見取ろうとします。遊びに参加しながら保育室全体を見取れるよう、フリースペースでも壁側を背にした場所にいます。

子どもがものや場にかかわり、ある程度安定して遊びを展開できることで、保育者は俯瞰的に遊びを見取り、それぞれの状況を確認することができるようになります。また、クラスの子どももすべてを関心をもって見取ろうとする保育者の姿勢が、クラス全体の安定につながっていくのです。

C ままごとコーナー

離れた場から見取り、レストランごっこが停滞していることに気づいた保育者は、お客さんとしてその場に行きます。

保育者お客さんになって応答しながら、改めて子どもが遊びをイメージして展開できるよう援助します。食器を並べ直すなど、場を整えることもしています。

D フリースペース

カルタに戻った保育者は、後から登園した子どもがうまく遊び出せていないことに気づき、声をかけます。そして、製作コーナーで遊ぶことを提案します。すでに展開している遊びには、入ることが難しい場合もありますが、製作コーナーは、それぞれが自分のペースで遊べる場なので、まずはそこを居場所にすることで、遊び出しやすくなります。

A 製作コーナー

うまく遊び出せていなかった子どもが安心して取り組めるよう、保育者は製作コーナーに座り、近くで見守ります。それとともに、保育室での遊びが終盤になりつつあるなかで、それぞれのコーナーでの遊びがどう展開しているか見取ろうとしています。時間をかけて仲間と一緒にそれぞれの遊びを進めようとする子どもの姿があります。

園庭での外遊び（12分15秒頃～）

4歳児クラスでは保育室での遊びの後は、ほとんど毎日園庭で外遊びをします。この日も仲間とオニごっこをして走りまわったり、遊具に登ったり、竹馬をしたり、身体を大きく動かしのびのびと遊ぶ子どもの姿があります。

ビオトープを探索するなかで池に張った氷を見つけた子どももいます。

集まり（13分57秒頃～）

あかみ幼稚園では、集まりの初めに、わらべ歌や手遊びなど、歌いながら仲間と身体の動きを合わせる活動を大切にしています。

このような同調性を日々楽しむことは、保育者や仲間との安定した関係や生活を築いていくその基盤になっていきます。

遊びの振り返り

遊びの振り返りでは、保育室や園庭でのさまざまな遊びが取り上げられます。

保育者は、J児が池に張った氷を持ってきたことに気づき、集まりで話題にします。池の氷を見ることができなかった子どもたちは興味津々です。子どもの希望とともに、保育者の判断で取り上げる話題もあります。

本動画から考えられること

遊びをつくり出していく

　本動画のカルタは、子どもの経験をもとにつくり出されていきます。このように遊びをつくり出すことができるのは、3歳児クラスから、つくることでイメージを具体化することを積み重ね、その力を育んできたことがその背景にあります。

援助のタイミングを見極める

　主に製作コーナーやカルタの場にいた担任保育者は、その場から他のコーナーの子どもたちをその時々に見取っています。その上で各コーナーの遊びの状況を見極め、必要な際に援助に向かっています。多様な遊びがそれぞれの場で展開する集団保育において、保育者の離れた場からの見取りは、援助のタイミングを見極めるための大切な行為です。

他児の考えを聞く場に

　遊びの振り返りは、自身の遊びを他児に伝える場であるとともに、他児の気づきや考えを聞く場でもあります。一方で、他児の意見を遊びに取り入れるかどうかは、遊びの当事者にあることを保育者は理解し、支える必要があります。子どもが他児の意見を理解しながら、自分で判断する力を育んでいくことが大切です。

本動画を用いたカンファレンスから学んだこと

　カンファレンスを通して、保育者の遊びへの入り方や子どもが遊びを振り返ることの大切さを改めて学ぶことができました。保育者のかかわり方一つで遊びも変化していくと思うので、子どもが主体となって遊びを広げていけるよう援助していきたいです。

（4歳児クラス担任 森川優実）

Chapter 11
子どもの関心を見取り、より添いながら援助する保育者

動画は
こちらから

愛泉こども園 3歳児クラス（新潟県新潟市）

A　製作コーナー
C　積み木コーナー
B　ままごとコーナー
D　フリースペース

動画視聴のポイント

● 製作コーナーでのものづくりやフリースペースでの場づくりのモデルを示す保育者の姿に注目してほしい。

● 子どもそれぞれがやりたい遊びを選択し、安心してつくったりしながら遊び続ける姿に注目してほしい。

● うまく遊び出せていない子どもを、保育者はどのように見取り、その子どもなりの遊びや表現に向けて援助しているのかに注目してほしい。

キーワード

● 製作コーナー
● つくるモデル
● フリースペース
● 見取りによる援助

愛泉こども園の3歳児クラスでは、製作コーナー、積み木コーナー、ままごとコーナーを常設しています。また、その日の子どもの状況によって柔軟に活用できるフリースペースを広くとっています。製作コーナーでは、朝の遊び出しの際にはなるべく保育者がそこにいることで、多くの子どもがまずはこの場を居場所にして、安心してつくりたいものをつくり出しています。

最近では、「猫つくる」「電車つくる」などと言って、あるイメージをもってつくり出す子どもが増えています。ままごとコーナーでは、誰かが猫役になったり、その他がお姉ちゃんや子ども役になったりするなど、それぞれ役になって遊ぶ姿があります。フリースペースでは、製作コーナーなどでつくった商品（ジュースなど）を売るためのお店屋さんを保育者とつくり、保育者や子ども同士でやり取りしながら遊ぶ姿があります。

なお、本動画の保育者は Chapter 13 と同様、入職1年目の保育者です。

A 製作コーナー

遊び出しの段階から、素材を選び、それを使ってつくる子どもの姿があります。新幹線はやぶさ、パトロールカーにゃんこ、ピグミンなどをイメージしてつくっています。つくりながら、そのイメージを言葉にしている子どももいます。保育者はそれに応えながら、子どもそれぞれがつくる姿を見取ったり、自分でもつくってみたりしています。

保育者は、遊びの広がりを意図して、警察官の帽子をつくり始めます。子どもたちは、保育者が何をつくろうとしているのか、興味津々です。保育者のつくる姿、特に手元をじっと見ています。保育者のこのような姿は、子どもたちのつくるモデルになります。つくる動機づけやつくり方を見て学ぶ機会になっているのです。

保育者は、新幹線はやぶさをつくったA児にフリースペースで線路をつくってみることを提案します。

まずは保育者が黒のビニールテープを使って線路をつくり、場づくりのモデルを示します。その様子を見ていたB児も黄色のテープを持ってきて、線路をつくり始めます。

C児の姿

他児がつくるのを見ていましたが、つくり出せずにいたC児。保育者は、C児が他児の線路づくりをじっと見ていたり、ビニールテープを持ってきたことに気づき、誘います。C児はビニールテープの使い方に慣れないながらも、自分なりに緑と黄緑の線路を3本引きます。

線路を引き終わると、子どもたちはそれぞれがつくった乗り物を線路上で走らせて遊びます。乗り物をつくっていないC児は、この場から離れていきます。その後もなかなか遊び出せていないC児に気づき、保育者は電車づくりを提案します。一緒につくっていくなかで、C児は赤い新幹線こまちをイメージし、つくろうとします。保育者はC児により添い、必要に応じて一緒につくっています。

B ままごとコーナー

　保育者は、製作コーナーでの製作やフリースペースでの線路づくりが安定してきたこともあり、ままごとコーナーにお客さんになって入ります。保育者がお客さんとして入ったことで、お家の人とお客さん（保育者）とで応答しながら、遊びが展開していきます。

C児の姿

　C児は、新幹線こまちができると、フリースペースの線路に行き、こまちを手に持って、いろいろな走らせ方をしてみます。他児とも一緒に走らせ、動きを合わせたり、変えたりして楽しみます。

　一通り遊び終えると、製作コーナーに来て、こまちの前の部分をハサミで切り、形を整えます。整え終わると、フリースペースに戻り、改めてこまちを走らせて遊んでいます。

遊びの振り返り（9分45秒頃〜）

保育者はC児がつくった新幹線こまちを取り上げ、そのポイントを尋ねます。C児が話しにくそうにしていたので、保育者が気づいたことに触れます。すると、C児はこだわってつくったドアのことを話し出します。

つくったものやそれに対するこだわりを保育者や他児に伝えることができ、満足そうにしているC児の姿があります。

園庭での遊び（13分0秒頃〜）

愛泉こども園では、午前の保育室での遊びや集まりの後は園庭で遊びます。この日も子どもの多くは砂場や大型遊具、ボールなどで遊んでいます。

ある子どもが保育室からポケット図鑑を持ってきたことで、それを見ながら仲間と生き物を探しています。冬のこの時期、生き物はなかなか見つかりませんが、ダンゴムシを探してプランターの下をのぞいてみたり、カニを探してビオトープをのぞいてみたり、そしてアリの居場所を探してみたりしています。

仲間と話し合ったり、探索したり、一緒に生き物探しを楽しむ姿があります。

本動画から考えられること

子どもの関心を見取る保育者

この日うまく遊び出せていない子どもの視線や周辺で参加する姿を見取り、その子どもの関心を探りながら援助する保育者の姿があります。

関心があってもなかなか遊び出せない場合もあります。特に、イメージをつくって表現することは、難しさもあります。保育者は子どもの関心により添い、必要な際にはつくるモデルを示したり、イメージの橋渡しをしたりして、その子どもが自分なりに表現できるよう援助していくことが大切です。

クラス全体を見取る保育者

多くの子どもが安定して遊びを継続する要因の一つに、保育者の見取りがあります。製作コーナーで子どもとかかわりながら、離れたコーナーの子どもを見取る保育者の姿があります。ここでの見取りは、援助のタイミングや必要な援助を判断するためのベースになっています。必要な際の援助が積み重ねられてきたことで、それぞれの遊びの安定につながっています。

本動画を用いたカンファレンスから学んだこと

遊びを支えていくなかで、一人ひとりが今、何をして楽しんでいるのかを理解し、応じていきながら、フリースペースを有効に使うことを今後も続けていきたいです。また、なかなか遊び出せない子どもの遊びをどう支えていくかを考えるきっかけになりました。

（3歳児クラス担任 涌井榛花）

Chapter 12

園庭での拠点づくりをベースにした
子どもの遊びと保育者の援助

動画は
こちらから

向山こども園 3歳児クラス（宮城県仙台市）

C　素材置き場
A　舞台
B　スーパー

動画視聴のポイント

● 園庭において、3歳児クラスの子どもがどのように拠点づくりにかかわり、遊びを展開しているのかに注目してほしい。

● 子どもが遊びを安定して展開していくための拠点を、保育者がどのような場所につくっているのかに注目してほしい。

● 広い園庭において、フリーの保育者などと連携しながら援助する保育者の姿に注目してほしい。

キーワード

● 園庭での遊び
● 遊びの拠点
● 素材や道具を運ぶ
● 見取りと援助
● 保育者の連携

向山こども園では、子どもそれぞれが遊びのイメージに応じて、つくることを通して意味づけていくような場を「遊びの拠点」と呼んでいます。園庭においても、子どもが継続して遊び込めるような拠点を大切にしています。園庭での拠点づくりでは、テーブルやつい立を置くなど、場を整えることもありますが、子どもが遊びに必要なものをその場まで運ぶことで意味づけていくことも大切にしています。

　また、園庭はその広さが故に、担任がクラスの子どもを見取りづらいことがあります。向山こども園では、担任とクラスの多くの子どもがお互いを見合いやすい距離を保てるよう、それぞれの拠点の位置を調整しています。

朝の集まり

　保育者は、園庭に出ていくにあたって、前日におこなったいくつかの遊びを振り返り、続きができそうな遊びを提案します。また、子どもからの申し出やつぶやきから、新たにできそうな遊びについても話します。

園庭への移動

　3歳児クラスの子どもでも運べるよう小分けにしたカゴを持ち、園庭に出かけます。保育者は、子どもが自分の遊びに必要なものが入ったカゴを持っていけるよう言葉かけをします。

　素材や道具が入ったカゴは、これまでの子どもの姿などから、保育者がこの日の遊びを予測し、必要なものを前日のノンコンタクトタイムに準備しています。

B スーパー

保育者がテーブルを出し、子どもが保育室から運んだ素材や道具を置いて、遊びの拠点をつくっています。まずは、子どもの遊びのイメージに応じた拠点をつくることで、前日からの遊びの再開をスムーズにしています。

A 舞台

この2週間ほど、音楽に合わせてダンスを楽しむ子どもが増えてきました。この日の園庭では、常設された舞台も遊びの拠点と位置づけています。

保育者もダンスのモデルを示し、ダンスに慣れていない子どもがスムーズに参加できるよう援助しています。

電車ごっこ

保育者は、ダンボールを電車に見立てて遊ぶ子どもの姿を見取り、ラインカーを使って線路となる白線を引き、この遊びの拠点をつくります。

舞台やスーパーの拠点で遊ぶ子どもたちがお互いの遊びを見合い、さらに保育者からも見取りやすい場所に白線を引いています。

線路ができたことで、繰り返しダンボールの電車を運転し、線路を歩きまわる子どもの姿があります。

B スーパー

　プラスチック容器、お花紙、自然物などを使って、スーパーで売るお弁当をつくっています。

　お花紙をまるめたり、折り紙を折ったり、そしてハサミで切ったりしながらお弁当の具材をつくっています。ハサミに不慣れな子どもが使う時には、保育者が使い方のモデルを示したり、手を添えたりして援助しています。

A　舞台

C　素材置き場

B　スーパー

D　電車の線路

園庭での遊びが始まって約40分経過(11分15秒頃〜)

　舞台では、隣のクラスの子どもも参加し、その担任やフリーの保育者が観客になっています。ダンスをする子どもにとって、観客がいて、見てくれることでさらにこの遊びを展開するための動機づけになります。

　担任は、スーパーやその周辺で遊ぶ子どもにかかわりながら、その時々に舞台でダンスをする子どもを見取ろうとしています。担任やその他の保育者から、関心をもたれ、見取られる、そのような環境があることで、子どもは安心し、遊びに安定して取り組めるようになるのです。

ホオズキの採集（13分30秒頃〜）

　フリーの保育者と園庭を探索していた子どもが、色づいたホオズキの実を見つけ、担任に見せにきます。これまで拠点の近くで遊んでいた子どもも興味をもち、担任と一緒に探しに行くことになります。

　ここで、クラスの多くの子どもがいる拠点周辺の担当を、フリーの保育者と声をかけ合い、交代します。

　担任は拠点周辺の遊びだけではなく、自然や身近な動植物のかかわりなどの多様な経験ができるよう、フリーの保育者や他のクラスの担任と連携しながら、広い園庭での援助をおこなっています。

遊びの振り返り（14分55秒頃〜）

　昼食後の集まりで、午前の園庭での遊びを振り返ります。この日は主にスーパーでつくったお弁当が紹介されます。保育者はそれぞれのこだわりを認めています。

　保育者の近くにいた子どもだけではなく、保育者から離れて遊んでいた子どものことも取り上げることで、クラスの子どもそれぞれを理解する場になっています。

本動画から考えられること

園庭での拠点づくり

　3歳児クラスにおいて、園庭での遊びが安定して継続するような拠点をつくる場合、テーブルを置いたり、白線を引いたりするなど、保育者が場をつくることも必要です。一方、子どもが遊びに必要な素材や道具を運ぶことで、遊びの拠点として子どもがその場を意味づけていくことになります。これも拠点づくりの一つの形態なのです。

園庭でのつくる遊び

　園庭においても、素材を用いてつくる遊びができます。このような拠点があることで、遊びが継続しやすくなります。また、お互いの遊びを見合うことから、それぞれの遊びが発展しやすくなります。

拠点以外の遊び

　複数ある遊びの拠点は、前日までの子どもの姿をもとにつくられるので、多くの子どもは拠点での遊びを選択します。一方、拠点以外の新たな遊びをおこなう子どももいます。担任は、このような子どもの姿にも関心をもち、見取ったりかかわったりすることが大切です。広い園庭では、フリーの保育者と連携しながら見取っていくことが必要です。

本動画を用いたカンファレンスから学んだこと

　遊びを継続しやすくするには、子どもの声を拾うだけでなく、保育者の位置や拠点をどこにつくるかなど、安心して遊び出せるための準備といった保育をする前の環境づくりがとても重要なのだと、改めて学ぶことができました。

（3歳児クラス担任　村松莉奈）

Chapter 13
1年目の保育者による子どもの主体性や多様性を重視した保育

動画は
こちらから

栄光こども園 3歳児クラス（新潟県新潟市）

B ままごとコーナー

A 製作コーナー

D フリースペース

C 積み木コーナー

動画視聴のポイント

●クラスの子どもそれぞれが安心して遊びに取り組めるよう、保育者がどのように子どもを見取り、援助しているのかに注目してほしい。

●主体性や多様性を重視する保育において、製作コーナーやその場にいる保育者がどのように機能しているのかに注目してほしい。

●集まりで、子どもそれぞれが安心して自己を表現する姿やそれに応える保育者の姿に注目してほしい。

キーワード

●製作コーナー
●クラス全体の見取り
●見る－見られる関係
●安心して遊ぶ
●遊びの振り返り

栄光こども園では、加配の保育者が必要な場合以外は、1年目から保育者の多くが1人でクラス担任（3・4歳児クラスの教育時間）を担います。また、子どもの主体性や多様性を重視する遊びを大切にしており、1年目の保育者がこの保育を進めていけるよう入職前の研修（2月）から、ベースとなる集団保育の援助方法を伝えています。

特に重視しているのは、保育環境と保育者の位置です。遊び出しに不安な子どもに対して個別の対応がしやすく、さらにクラス全体を見取りやすい場として製作コーナーを常設し、保育者はなるべくその壁側にいるようにします。保育者と子どもとが見る−見られる関係になりやすく、子どもが安心して遊びに取り組めるからです。多くの子どもが安定して遊ぶことで、経験の少ない保育者であっても全体が見取りやすくなり、援助を必要とする子どもを見極め、適時なかかわりにつながりやすくなるのです。

A 製作コーナー

登園した子どもから身支度を整え、つくることや積み木など、自ら選択して遊び出しています。フリースペースでは、前日にもおこなわれたキャンディ屋さんの場やものを、保育者が登園前に準備しています。

この時間、保育者はなるべく製作コーナーに座り、製作コーナーの子どもや保育室全体を見取ろうとしています。また、製作コーナーで子どもがつくったものを受けとめたり、つくるモデルを示したりしています。

保育者が製作コーナーにいることが多いので、遊び出しに不安な子どもも、まずはこの場を居場所にしたり、保育者や他児と同じことをしたりしながら遊び出しています。

子どもを迎える保育者

　保育者は、登園する子どもを見取りやすい場（製作コーナー）にいます。製作コーナーにいる子どもの近くにいながら、見取ろうとしているのです。その場から顔を見合わせ、そして声をかけ、順次登園する子どもを迎え入れます。このような保育者の対応は、これから始まる園生活への安心感を与えます。

　一方、子どもや登園時の様子によっては、保育室に入室するその場まで行って迎え入れ、援助することを判断しています。

A 製作コーナー

　製作コーナーにいた保育者は、フリースペースのキャンディ屋さんの子どもから「来てくださーい」と呼ばれます。保育者は、お客さん役になるため、キャンディ屋さんに行こうとします。その際に、子どもにつくっているコーヒーを飲むことを伝えます。つまり、製作コーナーに戻ってくることを伝えているのです。

　製作コーナーでは、遊び出しに不安な子どもがいるので、このような保育者の対応は、保育者が一時そこにいなくとも安心して遊びを続けられる要因の一つになっています。

画像内ラベル：
A　製作コーナー
B　ままごとコーナー
C　積み木コーナー
D　フリースペース

遊びが始まって約40分経過

　各コーナーで、それぞれの遊びが展開されています。保育者は、積み木コーナーでのいざこざを伝えにきた子どもを、製作コーナーから見取っています。状況にもよりますが、すぐにその場に行ってかかわるのではなく、まずは離れた場から子どもを見取り、その上で対応を考える保育者の姿があります。

D フリースペース

　保育者は、子どもが大型積み木で場をつくり、新たな遊び（アイドルごっこ）が展開できるようお店屋さんの台を片づけます。子どもが場づくりをできるように場（フリースペース）を調整することも、保育者の大切な援助です。

　スペースができたことで、子どもたちの場づくりが進んでいきます。ステージをつくったことで、イメージや動きを共有した遊びへと展開しています。アイドルごっこのイメージや動きを共有でき、子どもたちも楽しそうです。

B ままごとコーナー

　製作コーナーでのそれぞれのつくる遊びが安定してきたことで、保育者はその場から離れ、ままごとコーナーや他のコーナーの遊びに入り、援助することが多くなっています。

　ままごとコーナーではお客さんになって、子どものイメージに沿うかかわりをしています。

A 製作コーナー

　遊びの後半になり、保育者が離れても多くの素材を使ってつくり続ける子どもの姿があります。飛行機やジュースなど、それぞれが自分なりのイメージを工夫してつくり、表現しています。つくり続けながら、安定して遊ぶ姿があります。

遊びの振り返り（12分40分頃〜）

　子どもそれぞれが自分なりのこだわりを素直に伝えようとしています。保育者や他児に受けとめてもらえる安心感があります。

　集まりで自身の遊びが保育者や他児に認められることは、遊びにおいても子どもそれぞれが安心、安定して遊ぶことにつながっていきます。

本動画から考えられること

離れた場の子どもを見取る保育者

　保育者は近くにいる子どもにかかわりながら、その時々に離れた場にいる子どもにも関心をもち、見取ろうとしています。そして、子どもも保育者を時々見ています。

　このような見る－見られる関係が保育者と子どもの間に築かれていくことで、子どもは保育者から見守られているといった安心感をもち、それぞれが安定して遊ぶことにつながっていくのです。

子どもの表現を受けとめる

　つくることや身体のふりで子どもそれぞれが自分なりの表現をしています。保育者は、それぞれの表現に表れるこだわりに対して、動きを合わせ同調したり、言葉で共感したりして受けとめています。

　遊びの場面とともに、集まりにおいても子どもそれぞれの工夫やこだわりを保育者が受けとめ、認めています。これらを積み重ねていくことで、子どもそれぞれの表現が広がっていきます。さまざまな場面で安定した自己を発揮することにつながっていくのです。

本動画を用いたカンファレンスから学んだこと

　安心して遊び続けるためのそれぞれの空間を意識した環境構成や、子ども同士がやり取りをして自立して遊ぶための支援について、参考になりました。また、集まりでの子どもの"話したい"という欲求を受けとめる支援を学びました。

（3歳児クラス担任 坂上奈々美）

Chapter 14
子どもの思いやイメージを活かした遊びや劇あそびの実践

動画は
こちらから

愛泉こども園 3歳児クラス（新潟県新潟市）

動画視聴のポイント

- クラス活動としての劇あそびの小道具を遊びの時間につくる子どもの姿や保育者の援助に注目してほしい。
- クラスのみんなで取り組む劇あそびにおいて、子どもそれぞれの思い、考え、表現がどのように発揮されているのかに注目してほしい。
- 製作コーナーや積み木コーナーでそれぞれがつくりたいものをつくり続ける子どもの姿や、それを受けとめる保育者の姿に注目してほしい。

キーワード

- 劇あそび
- 小道具づくり
- 製作コーナー
- 子どもの思いや考え

愛泉こども園では、各クラスで1月からおこなってきた劇あそびを披露する機会として、2月に「こころおどる発表会」を設けています。3歳児クラスにおいても、この時期、保育者と子どもで、絵本などから劇あそびの題材を決め、午前の集まりの後の時間などにクラスの活動として劇あそびをおこなっています。

動画の対象となった3歳児クラスでは、劇あそびの題材に『ぐりとぐらのおおそうじ』（作：中川季枝子、絵：山脇百合子、福音館書店）を選んでいます。12月に5歳児クラスの降誕劇を観たことで、宿屋さんが掃除をする姿に興味をもちやってみたり、給食後の床の雑巾がけに興味をもちやってみたりする子どもの姿がありました。そこで、子どもと相談し、この絵本を劇あそびの題材にしています。

前日の集まりでは、劇あそびの小道具、絵本に出てくる人参クッキー、クッキーの材料となる人参が話題になります。そこで保育者は、この日の遊びにつくりたい子どもがいることを予測し、材料（お花紙、新聞紙、円形のダンボール片）を用意しています。

Ａ 製作コーナー

A児は、製作コーナーにあるだいだい色のお花紙や新聞紙を見て、人参をつくり始めます。保育者がつくった見本を見ながらA児なりに、新聞紙を細長く丸め、それをお花紙で包んで人参をつくります。一つつくり上げると、同じつくり方で、たくさんの人参をつくります。

製作コーナーでは、小道具づくりの他にも、それぞれにつくりたいものをつくっています。B児は、空き箱をつなぎ合わせて大型遊具をつくっています。トイレットペーパーの芯を自分に見立て、大型遊具での遊びを表現しています。その姿を見ていたC児は、発泡トレイでブランコをつくり始めます。保育者は、子どもそれぞれがつくりたいものをつくる姿を受けとめます。

C ままごとコーナー

ままごとコーナーに集まった子どもたちは、棚からそれぞれが食器や食べ物を出し、机に置いた皿に食べ物に見立てたものを入れ、並べています。それぞれがイメージしながら、場を共有し、かかわり合って遊ぶ姿があります。

B 積み木コーナー

D児とE児が積み木を居場所として、お互いに見合いながら積み木を積んでいます。D児は高く積みタワーをつくっています。E児は横に細長く並べています。

E児はつくったものを壊すと、その積み木を使って、タワーを囲むように並べ始めます。2人のなかで、一緒に並べながら、イメージの共有がはかられようとしています。

愛泉こども園では、積み木で遊ぶ際には安全のため、帽子をかぶるようにしています。

A 製作コーナー

A児の人参づくりを見ていたF児が興味をもち、やってみようとします。保育者は、A児につくり方のモデルを示してもらうよう促します。F児はA児がつくる姿をじっと見ています。そして、見よう見まねで人参をつくり始めます。

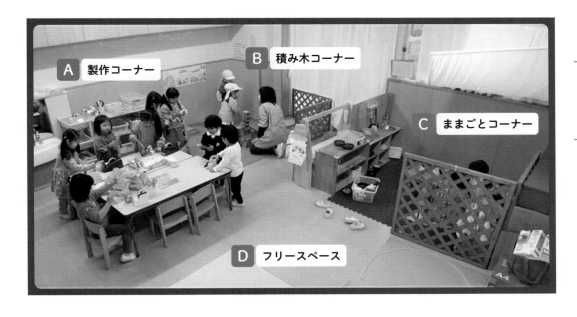

A 製作コーナー
B 積み木コーナー
C ままごとコーナー
D フリースペース

遊び始めてから約40分経過

　それぞれのつくる活動が安定してきたことで、保育者は製作コーナーを離れ、積み木コーナーに向かいます。D児とE児は、2人でつくった「おばけがいるスーパー」のことを伝えます。保育者もそれに応答し、共感します。製作コーナーでは、A児が緑のスズランテープを裂いて、人参の葉の部分をつくり始めます。

A 製作コーナー

　F児は、人参をつくり終えると、保育者が用意していた円形のダンボール片を使って人参クッキーをつくり始めます。その姿を見て、G児とH児も同じように人参クッキーをつくり始めます。つくりながら、「人参クッキー工場」とつぶやく姿があります。

　D児とE児は、壁に貼ってある積み木のイラスト見本のように、積み木でつくったスーパーの絵を描いて、壁に貼ります。絵を描くこと、そしてそれを壁に貼ることが楽しくなり、何枚も描いて壁に貼っています。

集まりでの遊びの振り返り（7分56秒頃〜）

　保育者は、劇あそびに使う人参クッキーがたくさんできたことを伝えます。子どもからの提案もあり、数えてみることにします。劇あそびでの人参クッキーは、これまでの活動や集まりで共有されていたので、多くの子どもが関心をもって数えています。

　人参をたくさんつくったＡ児のことが紹介されます。また、Ａ児が人参の葉を自身で考え、工夫してつくったことを伝えます。他児が気づいていなかったＡ児の工夫が、集まりを通してクラスのみんなに共有されています。

劇あそび（10分16秒頃〜）

　原作での「ぐり」と「ぐら」が布やハタキを使って掃除をする場面を、子どもたちも布やハタキを持ってそれぞれがイメージしたさまざまな動作で表現します。その姿を見ている子どもたちも友だちがどのような動作で掃除しているのか、興味をもってじっと見ています。

　原作にはない人参をどのように使うか、保育者はウサギ役の子どもたちと相談します。そして、人参を持って跳びながら出てくることになります。人参クッキーも配られ、それを使ってみんなで食べる場面を表現します。

本動画から考えられること

それぞれの遊びを認める保育者

製作コーナーで子どもそれぞれがつくったものや積み木でつくったものなど、保育者は子どもそれぞれが工夫してつくったものを受けとめています。子どもも自分なりに言葉にして伝える姿があります。

この時期、製作コーナーでは劇あそびの小道具づくりがおこなわれています。保育者が多様な表現を認めることで、子どもそれぞれが自分なりの表現にこだわって、楽しむ姿につながっています。

劇あそびでの子どもの思いや考え

保育者は一定の内容で劇あそびを進めていくのではなく、子どもの提案を取り入れて人参をつくってみたり、人参の出し方を相談してみたり、つぶやきなどにみられる子どもの思いやイメージを取り入れながら劇あそびを進めています。子どもそれぞれの思いやイメージが反映され、実感できることの積み重ねは、さまざま場面でも自分の思いやイメージを表現していくことにつながっていくのです。

本動画を用いたカンファレンスから学んだこと

子どもへのかかわりや環境構成について見つめ直す機会になりました。生活や劇あそびも日常の遊びと切り離すのではなく、その延長線上に自然にあることで自由で多様な表現が生まれます。そんな子どもたちの思いを保障する環境を整え、対話的な姿勢を大切にしていきたいです。

（3歳児クラス担任 五十嵐倫子）

Chapter 15

素材を選び、それを用いてつくったり、イメージしたりする子どもの姿

動画は
こちらから

栄光こども園 2歳児クラス（新潟県新潟市）

A 製作コーナー

B ままごとコーナー

C 積み木コーナー

D フリースペース

E 絵本コーナー

動画視聴のポイント

- 2歳児クラスの製作コーナーにおいて、子どもが素材を選び、それを用いてつくる姿や、つくることを通してイメージする姿に注目してほしい。
- 子どもそれぞれがイメージしてつくることを受けとめ、援助する保育者の姿に注目してほしい。
- 集まりでの遊びの振り返りにおいて、言葉で伝えることの難しい子どもへの保育者の援助に注目してほしい。

キーワード

- 製作コーナー
- 素材を選ぶ
- 素材でつくる
- フリースペース
- イメージの共有
- 遊びの振り返り

　栄光こども園の２歳児クラスでは、４月の進級時より、保育室での遊びの際に製作コーナーを常設し、空き箱、ラップ芯、プリンカップ、色画用紙、スズランテープなどの多様な素材から子ども自身が選び、それを用いてつくりたいものをつくることを大切にしています。遊びの際には、その他にままごとコーナー、積み木コーナー、絵本コーナー、フリースペースを常設しています。

　担当する３人の保育者のうちの１人は、製作コーナーを担当し、ここで遊ぶ子どもに対応しながら、時々、保育室全体も見取ろうとしています。他の２人の保育者は、登園してきた子どもの対応をしたり、その他のコーナーの対応をしたりするなど、必要な場での援助を柔軟におこなっています。

　この時期、製作コーナーではつくってイメージすることを楽しむ子どもの姿が多く見られるようになってきています。ままごとコーナーのお家ごっこでは、カバンにお弁当箱などを入れ、お出かけする姿があります。

A 製作コーナー

　棚から空き箱やラップ芯などの素材を取り出し、それぞれがカバンやトンネルなど、つくりたいものをつくっています。

　手を動かして素材にかかわりながら、集中してつくる子どもの姿があります。

　スズランテープや色画用紙の色は数色あり、子どもが素材や色を選ぶことで、自分なりのこだわりやイメージをもちながら、つくろうとしています。

　色画用紙などは自分で選んで取り出せるようにしています。スズランテープは保育者に切ってもらうことになっているため、保育者と話しながら色を選ぶ子どもの姿があります。

　製作コーナーの保育者は、製作コーナーにいる子どもにかかわりながら、積み木コーナーや素材棚にいる子どもを見取っています。離れた場にいる子どもにも関心をもち、見取ろうとしているのです。

　保育者から離れた場（積み木コーナー）で遊んでいる子どもも、積み木を積みながら時々振り返り、保育者のいる場やその姿を確認しようとしています。

　保育者と子どもが見る－見られる関係になる環境があること、そして、保育者に見取ろうとする姿勢やその行為があることによって、それぞれの場で子どもが安心して遊びに取り組める要因の一つとなっています。

　セロテープなどの道具に使い慣れていない子どもに対して、保育者は近くに行って、使い方のモデルを示したり、子どもが使う際に言葉を添えて、テープを切るタイミングを伝えたりしています。

　子どもがまずは自分でやってみたい、そしてやってみようとする姿により添う保育者の姿があります。

D フリースペース

つくったカバンやお弁当を持ってお出かけするなかで、「公園だ、公園だ」と言いながら、場のイメージを子ども同士で共有したり、飛び跳ねるといった動きを共有したりして、同調性を楽しむ子どもの姿があります。

別のフリースペースでは、ままごとコーナーにいた子どもがいすを並べ、それぞれにハンドルを持ち、バスでのお出かけをイメージして遊びを展開しています。ここでも場のイメージや動きの共有を楽しむ姿があります。

フリースペースは、つくったものを使って遊びを展開したり、ままごとコーナーでのお家ごっこを展開したりする場になっています。2歳児クラスにおいても、フリースペースは、仲間とイメージを共有したり、遊びの展開をイメージしたりする場になるのです。

A 製作コーナー

ラップ芯で電車のトンネルをつくろうとしている子どもにより添い、一緒に考えたり、つくったりしながら援助する保育者の姿があります。

つくることを通して自身のイメージを具体化できたことを喜ぶ子どもの姿や、それに共感する保育者の姿があります。

A 製作コーナー

一つの遊びを終えて、歌いながら歩き回っている子どもに対し、保育者はその姿を見取り、マイクづくりを提案します。マイクづくりのモデルを示すと、子どもは興味をもち、自らつくり出します。保育者は、子どもの姿からその子どもの関心に沿った遊びをさらに広げようとしています。

その様子を見て、他の子どもも同じようにマイクをつくり出しています。製作コーナーでは、場とモノ、そして動きを共有した遊びが展開しています。

集まりでの遊びの振り返り（11分20秒頃～）

2歳児クラスでは、この月から、午前の遊び後の集まりで、遊びの振り返りをしています。子どもが自身の遊びを言葉にすることを大切にするとともに、十分に言葉にすることが難しいので、保育者が遊びの際に見取ったことを伝えることも大切にしています。子どもが思いやイメージをつぶやくことも大切にしながら、保育者が子どもそれぞれの遊びを認めていく機会になっています。

本動画から考えられること

素材を用いてつくること

　2歳児クラスの子どもが素材を用いてつくること、テープなどの道具を扱うことの難しさはありますが、保育者がより添い援助することで、イメージしながらつくり上げ、そして認められることで自信にしているのです。

離れた場から見取り、認めること

　チーム保育（複数の担任）においても、すべてのコーナーや場に保育者が常にいる状況になるとは限りません。保育者は担当するコーナーの子どもだけではなく、離れた場にいる子どもにも関心をもち、言葉かけや身振りで応答し認めることで、子どもそれぞれが安心して遊ぶことにつながっていくのです。

2歳児クラスでの遊びの振り返り

　集まりにおいて、自身の遊びやそのこだわりが伝わり、保育者に認められること、それを積み重ねていくことは遊び込むことの基盤になります。うまく言葉にすることはまだまだ難しい時期ですが、つぶやきを受けとめたり、保育者が見取ったことを伝えたりしながら、子どもそれぞれの遊びやこだわりが認められる場になっていくことが大切です。

本動画を用いたカンファレンスから学んだこと

　素材を選び、つくり出す時から共感を心がけ接していると、子どもたちのつくる楽しさが伝わってきます。その楽しさが仲間とつくったものを持っておこなわれる公園ごっこやトンネルをつくり上げる姿につながっていることを、動画を見て知ることができました。

（2歳児クラス担任　林泉希）

Chapter 16

自ら素材を選び、つくることを通して
イメージを表現する子どもの姿

動画は
こちらから

恵泉こども園 2歳児クラス（新潟県新潟市）

B　絵本コーナー

C　ままごとコーナー

D　粘土コーナー

A　製作コーナー

E　積み木コーナー

動画視聴のポイント

● 2歳児クラスの製作コーナーで、素材を用いてつくることでイメージを表現する子どもの姿に注目してほしい。

● 子どもがつくることにより添い、それぞれがつくったものを受けとめ認める保育者の姿に注目してほしい。

● 子どもがイメージをつくって表現するとともに、言葉でも表そうする姿に注目してほしい。

キーワード

● 製作コーナー
● 素材
● イメージを表現
● 受容
● 場づくり

恵泉こども園の2歳児クラスでは、進級時の4月から、保育室での遊びの際には製作コーナーを常設しています。時期によって置く素材や道具に多少の違いはありますが、この時期は色画用紙、折り紙、空き箱、ロール芯、乳酸菌飲料の容器、プリンカップ、シール、セロハン、セロテープなどが置かれています。複数の保育者のうちの1人はなるべく製作コーナーにいるようにして、子どもそれぞれがつくるものを認めたり、つくるモデルを示したりしています。最近は、机上や棚にある多様な素材の中から自分で選び、その素材を用いて何らかのイメージをつくることで表現する子どもの姿があります。

他にも、ままごとコーナー、粘土コーナー、積み木コーナー、絵本コーナーを設置しています。それぞれのコーナーはマットを敷いたり、テーブルを置いたりして子どもにもコーナーがわかりやすいようにしています。仕切る場合も低い棚を使っており、保育者から離れた場にいる子どもも見取りやすくなっています。また、子どもからも保育者を見やすくなっています。

なお、ここで紹介する2歳児クラスでは、撮影時には10名の子どもが3歳に達しています。

A 製作コーナー

朝の遊び出しから、6人の子どもが製作コーナーに来て、棚や机上の箱の中から素材を選び、手持ち花火、ジュース、ハートのステッキ、飲み薬、カメラ、モササウルスなど、それぞれがつくりたいものをつくっています。

保育者も手持ち花火をつくり、モデルを示しています。また、保育者は子どもがつくったものに対して言葉をかけ、それに応える子どもの姿があります。保育者が応答し、保育者に見守られ、認められることで、子どもそれぞれがイメージしながら、安心してつくり続けています。

C ままごとコーナー

　A児は、製作コーナーで飲み薬を
つくったことから、お医者さんごっ
こへと遊びを展開していきます。さ
らにA児は、ままごとコーナーのス
ペースに、いすを使ってお医者さん
ごっこの場をつくり始めます。その
様子を見ていたB児は、患者さんに
なります。一緒に飲み薬をつくった
C児も、遊びに参加します。

　お医者さんの帽子を被ったり、つ
くった飲み薬を用いたり、そして自
らお医者さんの場をつくることで、
仲間とのイメージの共有が進み、ごっ
こ遊びが展開しています。

C ままごとコーナー

　仲間とのお医者さんごっこが進ん
でいくなかで、C児は製作コーナー
の保育者に来てほしいと呼びにきま
す。保育者は、製作コーナーにいる
子どもにお医者さんごっこに行くこ
とを伝え、移動します。

　C児の求めもあり、保育者はお医
者さんになり、その役に応じて子ど
もとかかわります。すると、製作コー
ナーにいた子どもも保育者の近く
に集まってきます。

　その様子を見たままごとコーナー
の保育者はその場を離れ、製作コー
ナーに向かいます。保育者2人がこ
の日それぞれにベースとしていた場
を交代します。

画像内ラベル：
B　絵本コーナー
C　ままごとコーナー
A　製作コーナー
D　粘土コーナー
E　積み木コーナー

遊びが始まって約40分経過（9分55秒頃〜）

　トイレタイムの後に、改めて遊びを選択して、それぞれの遊びに向きあう子どもの姿があります。積み木コーナーで遊ぶ子どもが増えてきたことで、製作コーナーの保育者はつくる子どもにより添いながら、積み木コーナーの子どもも気にかけます。

A 製作コーナー

　前半、違う場で遊んでいた子どもが製作コーナーに来てつくり始めます。乳酸菌飲料の容器と色画用紙でシャンプーのボトルをつくったり、つなげた空き箱に色を塗ってティラノサウルスをつくったりしています。

　保育者は子どもがつくったシャンプーのボトルに対して、動作でも表現しながら認めています。

A 製作コーナー

D児はティッシュの箱を使ってティラノサウルスをつくり上げると、製作コーナーの保育者に見せます。そして、ままごとコーナーにいる保育者にもティラノサウルスを見せに行きます。製作コーナーに戻ると、改めて保育者にティラノサウルスを見せようとします。ティラノサウルスを自分でつくり、表現できたことがうれしそうです。

2人の保育者は、D児なりのティラノサウルスやその工夫に応え、それを認めています。つくり上げたことによる達成感もありますが、保育者から認められることで、さらに満足感を得ているのです。

後片づけ

じっくりものにかかわる遊びに取り組み、満足感を得た多くの子どもたちは、それぞれが遊びに使ったものを進んで片づけています。ここでも、じっくり落ち着いて取り組む姿があります。

一方、製作コーナーのテーブルを一緒に持ち、仲間と「わっせ、わっせ」とかけ声や動きを合わせながら片づけをする子どもの姿があります。同調性に心地よさを感じながら、片づけを楽しんでいます。

本動画から考えられること

製作コーナーと子どものイメージ

　4月から、製作コーナーでつくること
を積み重ねてきた子どもたちは、この時
期、つくることを通してイメージを表現
する姿があります。花火、ジュース、飲
み薬など、自らの経験を思い出したり、恐
竜など好きなものをイメージしてつくっ
ています。

　2歳児クラスの子どもにとっても、素
材などを用いてつくること、それを積み
重ねることでイメージする力を育んでい
ます。自分のペースでつくることのでき
る製作コーナーや、その場に保育者がいる
ことの環境としての意義は大きいのです。

つくったものを認める保育者

　子どもがつくるとともに、つくったも
のを保育者に見せようとする姿が多くあ
ります。保育者から認められることで、さ
らにつくることの動機になっています。

　これまでにも保育者は、その子どもが
つくったものを遊びの場面や集まりなど
で丁寧に受けとめてきています。自らつ
くり、保育者から認められること、この
積み重ねによって、つくることやイメー
ジすることが豊かになっていくのです。

本動画を用いたカンファレンスから学んだこと

　製作コーナーの保育者がごっこ遊びに移動すると、製作を楽しん
でいた子どもも保育者について動く様子がありました。その姿から、
保育者のそばにいることで安心して遊びが継続していたことを知り、
保育者の存在の大きさを学びました。

（2歳児クラス担任 砂井優香）

Chapter 17
保育者の応答により、安心して
遊びに取り組む子どもの姿

動画は
こちらから

大久野保育園 2歳児クラス（東京都日の出町）

A　積み木コーナー
B　お世話遊びコーナー
C　パズル類の棚
E　机上遊びコーナー
D　絵本棚
F　ごっこ遊びコーナー

動画視聴のポイント

● 保育者に見守られながら、自分が選んだ遊びに安心して
　取り組む子どもの姿に注目してほしい。
● 言葉や身ぶりで表れるイメージや思いを保育者が受けと
　め、応えることで、さらに遊びを展開する子どもの姿に
　注目してほしい。
● 場や動きを共有しながら、同調性に心地よさを感じたり、
　楽しんだりする子どもの姿に注目してほしい。

キーワード

● 保育者の見取り
● 保育者の応答
● 場を整える
● 場や動きの共有
● 同調性

大久野保育園の2歳児クラスの保育室には、多様な積み木を置いた積み木コーナー、人形や人形をお世話する道具（ブラシ、ドライヤーなど）を置いたお世話遊びコーナー、そして食器や食材を置いたごっこ遊びのコーナーを設置しています。棚には木製のパズル、手づくりの絵あわせおもちゃなどのパズル類を置き、中央のテーブル（机上遊びコーナー）で保育者に見守られながらじっくり遊べるようにしています。

最近、保育者が積み木で道をつくると、積み木を車に見立てて遊んだり、積み木を積んで建物に見立てたりしています。また、ごっこ遊びコーナーでは料理をつくったりするなど、イメージしながら遊びを楽しむことが多くなっています。

この日は保育室内での遊びが中心でしたが、雨がやんだこともあり、園庭での遊びを希望する一部の子どもが保育者と園庭に出ています。

🅔 机上遊びコーナー

登園後、身支度を整えると棚からパズルなどを選び、テーブルに持ってきて遊ぶ子どもの姿があります。保育者が周りで見守っているので、時々振り返り、保育者の位置や姿を確認しています。保育者もうなずいたり、声をかけたりして、それに応えています。保育者に見守られていることや他児と場を共有していることを感じながら、安心してそれぞれの遊びに取り組んでいます。

保育者は必要に応じて、子どものそばに来て、パズルの一部をやって見せたり、一緒にやってみたりしています。また、パズルでできたことや気づいたことを伝えたり、見せようとしたりする子どもに応える保育者の姿があります。保育者が応えることで、子どももうれしそうにしています。

園庭（2分18秒頃〜）

　雨がやんだので、希望する一部の子どもが園庭で遊んでいます。

　一人の子どもがひも付きカートを持って走り出すと、それに合わせてカートを持って一緒に走ったり、カートは持たずに走って追いかけたりする子どもがいます。同じように動き、その同調性を楽しむ子どもの姿があります。

テントウムシの幼虫

　保育者がイチョウの葉にいるテントウムシの幼虫を見つけ、捕まえると、多くの子どもが興味をもち、見にきます。最近、園外の散歩でもテントウムシやその幼虫をみつけることがあったので、じっと見る姿があります。

　虫に不慣れだったＡ児も、お椀に入れたテントウムシの幼虫を見ています。そして、幼虫を触ったり、持ってみたりします。保育者が認めてくれたことで、Ａ児はうれしそうにしています。

D 絵本棚（6分8秒頃〜）

絵本棚に置く絵本は、時期や季節に応じて変えています。園外での散歩や園庭での遊びを大切にしている大久野保育園では、特に自然や身近な動植物に関連する絵本を多く置いています。この時期、園庭に多くいるテントウムシの幼虫を題材にした絵本『うまれたよ！テントウムシ』（写真：中瀬潤、構成・文：小杉みのり、岩崎書店）も絵本棚に置かれています。

F ごっこ遊びコーナー

積み木コーナーでアイス屋さんをイメージして遊ぶB児とC児の姿を見取った保育者は、食器や食材など見立てやすいものが多くあるごっこ遊びコーナーに誘います。ごっこ遊びコーナーは、昼食の配置になっていましたが、保育者は改めてごっこ遊びができるよう環境を整えます。

B児とC児は、食器や道具を使ってそれぞれが料理をつくり始めます。B児は、円形の布を餃子に見立てています。保育者は、子どもそれぞれが料理したり、料理を並べたりすることができるようテーブルの上を整理します。

B児やC児の様子を見ていた他児もこのコーナーにきて、料理をつくり始めます。この場を共有し、お互いを見合いながら、それぞれの遊びを楽しんでいます。

A 積み木コーナー

D児は積み木で囲って、お家をつくっています。そこを居場所として、人形を並べてオバケに見立てたり、動物を集めたりして、自分なりのイメージを楽しむ姿があります。場を共有するE児と魚つりをしようとしますが、うまくかみあいません。イメージを共有することの難しさもあります。

絵本の読み聞かせ（12分32秒頃～）

2歳児クラスでは、午睡の後に3人のグループで絵本の読み聞かせをします（1日に2つのグループ）。少人数のグループにおいて、思ったことを素直につぶやく子ども、それを受けとめ応える保育者の姿があります。ゆっくり対話を楽しむ時間にもなっています。

園内探索（13分50秒頃～）

絵本の読み聞かせの後は、小グループで園内を探索します。このグループは、階段を登ってみたいとのつぶやきもあり、2階に行ってみることにしました。

2階には、広いテラスがあり、窓越しにじっと見る姿があります。保育者は、夏にこの場にプールが置かれること、ここで水遊びをすることを伝えます。

2階のホールでは、その広さにうれしくなって走りまわったり、ボール投げをしたりしています。保育室とは違った経験を楽しむ姿があります。

本動画から考えられること

離れた子どもを見取る保育者

保育者は近くにいる子どもだけではなく、離れた場にいる子どもも見取ろうとしています。また、その時々にアイコンタクトで応える保育者の姿があります。チーム保育であっても、離れた子どもにも関心をもち、見取ったり、応えたりすることで、子どもそれぞれが安心し、安定して遊ぶことにつながっていきます。

場の共有と仲間関係

保育者は、複数の子どもが集まっても、それぞれが楽しめるようごっこ遊びの場を整えます。場が安定したことで、子どもたちはそれぞれのイメージで遊びに取り組みながら、テーブルを囲み、他児と場や動きを共有するその心地よさを感じています。

このような同調性をともなう遊びを楽しむことは、仲間関係を育んでいくことの基盤となります。保育者がごっこ遊びなどの場をつくったり、整えたりする援助は、子どもそれぞれのイメージを育んでいくとともに、仲間関係の育ちにもつながっていきます。

本動画を用いたカンファレンスから学んだこと

見守られている安心感、達成感を味わえる玩具選びや応答的なかかわりを大切に保育にあたっています。研修を受け、客観的に見ることで、動きの反省点や別の角度からの子どもの反応などが見られ、目を向けられてない場所などを担任間で話し合うとても良い機会になりました。

（2歳児クラス担任 中村智美）

Chapter 18
担当制保育において
安心、安定して遊ぶ子どもの姿

動画は
こちらから

恵泉こども園 1歳児クラス（新潟県新潟市）

D　絵本コーナー
C　ままごとコーナー
A　製作コーナー
B　運動あそび

動画視聴のポイント

●担当制保育において、保育者が遊びの際に担当する子ども
にどのようにかかわったり、見守ったりしているのかに注
目してほしい（担当する子どもは、集まりの際に対応している子ども
たちです。本動画では、製作コーナーにいる保育者のマイクの音声が収録
されています）。

●1歳児クラスでは秋頃より、遊びの際に好きなものをつく
れるよう、製作コーナーを常設している。1歳児クラスの
子どもが素材を用いてつくる姿に注目してほしい。

キーワード

●担当制保育
●製作コーナー
●担当制における
　見取り
●担当制における
　集まり
●遊びの振り返り

製作コーナーの机上には空き箱、プリンカップ、折り紙、セロハン、シールなどの素材が入った箱が置いてあり、その箱から好きな素材を取り出してつくる子どもの姿があります。最近は、つくりながらパン、アイス、ケーキなど、イメージを言葉にする姿も見られるようになっています。

運動あそびのコーナーでは、保育者が巧技台とマットでつくった滑り台で遊ぶ子どもの姿があります。このコーナーでは、マットや巧技台などを使ってジャンプ台やおやまをつくることもあります。

ままごとコーナーでは、さまざまな食器や調理具、おもちゃの食材などが置かれています。人形を持ってきて食べさせる姿、おもちゃの食材を切って料理をつくったり、並べたりする姿があります。

遊びの際には、3人の保育者が主に製作、ままごと、運動あそびのコーナーを担当してその場にいます。この時間内は、基本的にはコーナーの担当を固定しています。

A 製作コーナー

保育者が子どものつくる姿を見守り、時には近くでより添うことで、子どもが安心してつくっています。

保育者は、子どもがつくりながらつぶやき、言葉で表そうとするイメージを受けとめようとしています。

B 運動あそび

保育者がつくった滑り台に登ったり、滑ったりすることを繰り返し楽しむ子どもの姿があります。違う滑り方を試してみる子どもの姿もあります。

保育者は安全に配慮しながら、そばで見守ったり、時には身体を支えたりしながら援助しています。

B 運動あそび

遊びの後半になり、滑り台を多くの子どもが楽しんだので、保育者はジャンプ台につくり変えます。

子どもがジャンプ台に登り、ジャンプすることの難しさはありますが、他の子どもがおこなう姿を見て、挑戦してみようとする子どももいます。保育者はその姿を応援したり、挑戦を認めたりしています。

A 製作コーナー

製作コーナーの保育者は、製作コーナーにいる子どもを見守ったり、かかわったりしながら、運動あそびやままごとコーナーにいる担当の子どもにも関心をもち、見取ろうとしています。離れていても、保育者はまなざしを送ったり、手を振ったり、そして時には声をかけたりして、間接的に担当する子どもにかかわろうとしています。

離れていても担当保育者が自分に関心を向けていること、そして見守ってくれていることを確認できると、改めて自分の遊びに取り組む子どもの姿があります。子どもは、担当保育者との関係を支えにして、安心して遊びに取り組むことができるのです。

A 製作コーナー

製作コーナーにあるセロハンやカップを使って、ジュースやゼリーをつくる子どもの姿があります。自分なりにできたことがうれしいのか、3人の保育者に見せてまわる姿があります。さらに、つくったものを家族にも見せるため、ロッカーにあるカバンにしまう姿もあります。

保育者は、応答しながらつくったものを認めたり、つくったものを家に持って帰ろうとする姿を認めたりしています。

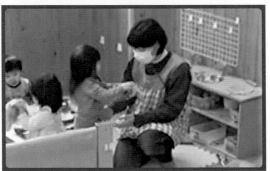

遊びが始まって約45分経過

時々遊びを変えながらも、多くの子どもが保育者に見守られて、安心、安定して遊びを続けています。製作コーナーの保育者は、不安に感じた担当の子どもを受けとめながら、他の子どもの援助をしています。

おやつ・朝の会（11分25秒頃〜）

　遊びの後のおやつや朝の会は、担当保育者と小グループに分かれておこないます。担当保育者との関係が築かれてきているので、安心してグループで過ごしたり、集まりでの対話や手遊びを楽しんだりする姿があります。

遊びの振り返り

　担当保育者から子どもそれぞれがおこなっていた遊びが伝えられます。近くにいた子どものことだけではなく、離れた場にいた子どものことも伝えています。それぞれの遊びを認め、振り返ることで、安心して遊ぶことにつながっていきます。

　伝える際には、ある程度間をとることで、子ども自身が振り返ったり、つぶやいたりすることにもつながっていくことでしょう。

園庭での遊び（13分41秒頃〜）

　保育室での遊びと違い、園庭では走りまわったり、保育者と追いかけっこをしたり、築山の登り下りなど、身体を使ってのびのびと遊びを楽しむ姿があります。音を聴いて、空を飛んでいるヘリコプターに気づきます。目で追いながら、見ている子どもがいます。

　保育者に導かれ、氷を触ってみたり、植えたイチゴの苗を見たりして、自然や身近な植物に関心を示す子どもの姿があります。

本動画から考えられること

つくり、イメージすることを認める

　素材とかかわり、つくることを通して、ジュースやゼリーなどをイメージして楽しむ姿があります。つくったものやそのイメージを保育者に認められることでうれしさを感じています。素材を用いてつくり、保育者に認められる、その積み重ねによって、つくることやイメージすることを広げています。

素材を選べる環境

　つくるために、素材（空き箱やカップ）やセロハン、折り紙の色を選ぶ姿があります。自ら素材を選び、つくれるような製作コーナーは、子どもの意思や表現を引き出す場になっています。

子どもと担当保育者との関係

　子どもは離れた場にいても、担当保育者から見守られていると感じることで安心して遊びに向きあえます。また、不安を感じた際にも担当保育者が安心の場になっています。このような子どもと担当保育者の関係が、自分がやりたい遊びに安心して取り組める要因になっています。

本動画を用いたカンファレンスから学んだこと

　運動あそびでは「飛んだよ！」、ままごとでは「ごちそうつくったよ！」と得意な表情で保育者を見る子どもの姿がありました。担当するコーナーに専念しがちでしたが、時にまなざしを向けて担当児に応えること、全体の様子を知ることの大切さを改めて学びました。

（1歳児クラス担任　伊与部幸子）

Chapter 19

思いにより添う保育者のもと
安心して遊ぶ子どもの姿

動画は
こちらから

大久野保育園 1歳児クラス（東京都日の出町）

動画視聴のポイント

● 子どもの思いを理解し、その思いに沿ったかかわり
　をする保育の姿に注目してほしい。
● 場や動きを他児と共有することに心地よさを感じた
　り、楽しんだりする子どもの姿に注目してほしい。
● 虫（カマキリ）に出会った子どもが関心をもって見る
　姿や触ってみようとすると姿に注目してほしい。

キーワード

● 子どもの思いの理解
● ものとのかかわり
● 場、もの、動きの共有
● 虫（カマキリ）への関心

　大久野保育園の1歳児クラスでは、日頃から園庭での遊びを大切にしています。晴れた日は、朝の遊び出しから10時頃まで園庭に出て遊びます。園庭には、砂場やサーキットのコースが設定されています。道具置き場には、ボール、フラフープ、カラー積み木などが置いてあります。砂場の近くには、スコップ、お鍋、お皿などが数多く置いてあり、子どもが自由に使うこがができます。

　最近、サーキットでは、はしごの踏み桟をまたいでいた子どもが、踏み桟に足を乗せて進めるようになったり、一本橋にお尻をついていた子どもが立って歩けるようになったりしています。また、テラスに集まった子どもたちが一人の子どもの歌にあわせて踊るなど、場や動きを共有して楽しむ姿もみられます。

C　サーキット

　トンネル、はしご、フラフープ、切り株、一本橋、ハードルからなるサーキットを設定しています。朝の遊びの際に身体を動かす機会とするため、保育者はサーキットに子どもを誘います。乗り気でない時は、飛ばしながら進めていくこともあります。サーキットを終えると、それぞれが自由に遊びます。

　A児は、園庭に出てくると、保育者に誘われ、サーキットのトンネルをくぐろうとします。しかし、反対側からのぞく子どもがいて、なかなか前へ進めません。保育者は子どもの状況やその思いにより添いながら、見守っています。A児は、時間をかけてトンネルを通り抜けます。その後もA児がするサーキットに関心をもち、近くで見ている子どもがいます。

ボール遊び

道具置き場からボールの入ったケースを自分で運ぶB児の姿があります。B児が運び疲れると、C児が代わって運んでいます。

C児がゲームボックスのそばにケースを置くと、B児はその穴にボールを入れたり、入れたボールを穴からのぞいてみたりします。さらに大きいボールを入れてみようとしますが、大きいボールがみつかりません。保育者から教えてもらい、道具置き場に大きいボールを取りに行きます。

入れたボールの行方を気にしたり、ボールの大きさにこだわって、自分なりにこの遊びを進めていこうとするB児の姿があります。

フラフープ

D児は3つのフラフープをテラスに持ってきて、それを並べ、コースをつくり始めます。つくり終えると、ジャンプして前へ進んでみます。コースを自分でつくり、それを使ってジャンプして進めたことがうれしくて、繰り返しやってみます。

保育者もその姿に気づき、見守りながら、言葉をかけます。E児もD児の姿を見て、同じようにやってみます。

はしご

F児がはしごの中に入って座ったのを見て、D児やE児も同じようにはしごに座ってみます。仲間と場を共有し、同じことをして楽しむ姿があります。

この状態から、D児は乗り物をイメージしたのか、保育者に手を振って声をかけます。保育者もそれに応えます。その様子を見ていた他の子どももはしごに集まり、同じように座ろうとします。

子どもが増えてきたので、保育者はフラフープを使ってこの場を広げようとします。

カマキリ

G児はテラスでカマキリを見つけ、保育者に伝えます。保育者もその場に行き、一緒にカマキリを見ます。G児は、カマキリを見ながら、感じたことを言葉にします。保育者は、それに応えます。

カマキリをじっと見て、触ってみようとするD児の姿があります。保育者は、その動きに合わせて、声をかけます。さらに保育者は、カマキリを触ったり、持ってみたりしてモデルを示します。その様子を見て、D児はカマキリをつかんでみます。保育者は、それを認めます。D児はその後もカマキリに関心をもって、見たり、つかんでみたりしています。

園庭での遊びが始まって約60分経過

　遊びに区切りがついた子どもから徐々に保育室に入っていきます。保育者は子どもそれぞれの遊びの状況にあわせて対応しています。子ども自身が区切りをつけられるようそれぞれのペースに応じてかかわる保育者の姿があります。

D 砂場

　他の子どもが園庭での遊びを終えたなかで、D児は砂を小さなスコップですくいお鍋に入れることを繰り返しおこなっています。保育者はD児の近くにより添い、その様子を見守ります。

　D児は、この遊びを何度もおこない、自分なりにやり終えると、スコップとお鍋を道具置き場に片づけに行きます。保育者はその姿を認め、一緒に保育室に向かいます。

本動画から考えられること

子どもの思いを理解する

　遊びを見守りながら、子どもの思いを理解し、共感したり、それに沿ったかかわりをしたりする保育者の姿があります。そのような子どもと保育者との関係のなかで、安心して自分なりの遊び方を試してみたり、虫（カマキリ）などの新たな環境にかかわったりして遊ぶ子どもの姿があります。子どもの思いを受けとめる保育者の存在は、子どもの外界とのかかわりを広げていく基盤となっています。

場、もの、動きの共有

　自分の意思でやりたいことをするこの時期の子どもたちですが、他児がすることにも関心があります。他児と場を共有し、同じものを持ってみたり、同じようなことをしてみたりしています。場、もの、動きを共有し、その同調性に心地よさや楽しさを感じています。保育者は、子どもそれぞれの遊びを大切にしながら、場、もの、動きを共有できる環境を整え、その姿を認めていくことも大切です。場、もの、動きを共有する遊びが、仲間との関係を築いていく基盤となるのです。

本動画を用いたカンファレンスから学んだこと

　チームで子どもたちを見守っているからこそできる保育であり、改めてチームワークの大切さを感じました。今後も保育者間でコミュニケーションをとり、子ども理解を深め、私たち保育者が、子どもたちが安心して過ごせる環境の一つであり続けたいと思いました。

（1歳児クラス担任 森田尚美）

Chapter 20

園外保育を通して、自然との関係に関心をもち、感性を育む子どもの姿

明日香保育園 4・5歳児クラス（東京都北区）

動画は
こちらから

浮間公園・桜の樹

動画視聴のポイント

● 秋の自然に関心をもち、散策したり、自然物を収集したりしながら、感じたことを言葉にする子どもの姿に注目してほしい。

● 子どもが自然をよく見たり、感じたりすることができるよう援助する保育者の姿に注目してほしい。

● 散策の時々にその場で経験を振り返ったり、散策後に園で振り返る子どもや保育者の姿に注目してほしい。

キーワード

● 園外保育
● 散策
● 自然物の収集
● 自然の循環
● 活動の振り返り

明日香保育園では、日頃から自然体験を重視し、スウェーデンの自然環境教育「森のムッレ教室」の理念を保育実践に取り入れています。特に、3歳児クラスからは、ほぼ毎日、園の近くの公園や土手などに出かけています。

園外保育では、散策をしながら、自然環境に触れること、それを積み重ねていくことを通して、自然やその変化を五感で感じ、感性を育むことを大切にしています。また、自然の循環や環境問題についても考える機会になればと取り組んでいます。園内でも腐葉土をつくるなど、経験を通して、土にかえるものとかえらないものの理解や、ゴミ問題などにも関心をもてるよう、取り組んでいます。

この日も、4歳児クラスと5歳児クラスが合同で、9時40分頃から、園から歩いて15分ほどの浮間公園へ、秋を探すことを目的に散策に出かけています。本動画において、青色の帽子を被っているのが5歳児クラスの子ども、橙色の帽子を被っているのが4歳児クラスの子どもです。

ポプラ・メタセコイヤの樹

公園に着くと、子どもたちは早速、秋を探しに探索を始めます。木の葉や実などを見つけると、拾って持ってきます。「秋、見つけた」などと言いながら、茶色に色づいた葉を保育者に見せようとします。保育者も拾った葉を見せながら、共感します。

保育者は、白い大きな紙を地面に広げ、子どもが拾った葉や実などの自然物を並べます。拾った自然物の大きさ、形、色などがわかりやすくなり、じっと見る子どもの姿があります。

保育者は、黒くなって朽ちかけたメタセコイヤの実を子どもに見せます。それを見て、子どもから「土にかえる」「ダンゴムシが食べる」などの声が上がります。保育者は、それぞれの考え（言葉）に、「そうだね」と言って応えています。

　さらに、公園の奥に進んでいきます。道が広くなっているので、ある程度自由に歩きながら、広々とした景色を観たり、拾った葉っぱを保育者に見せたりと、対話しながら散策を楽しむ子どもの姿があります。

桜の樹

　桜の樹の広場に着くと、保育者は、「ここでは、桜の葉っぱかなと思ったものを持ってきてくれる？」と問いかけます。子どもたちは、広がって探し始めます。子どもたちが拾ったさまざまな色の桜の葉が集まります。

　保育者は、前日に見た本（『自然の循環 ムッレの森』森のムッレ協会）のイラストのように、葉の色の違いよる並べ方をやってみようと提案します。

　保育者は、子どもと一緒に桜の葉を色ごとに並べます。並べ終えると、子どもたちを集め、桜の葉を見せながら、季節の移ろいについて話をします。

彼岸花

　探索をしていると、たくさんの紅い彼岸花のなかに、1本だけ白い彼岸花が咲いているのを子どもが見つけます。子どもがじっと見ていると、保育者はその横でより添い、「色が違うね」などと言って、不思議に思う気持ちに共感しようとしています。また、それぞれの花の違いを一緒に確認しています。

ドングリ

　ドングリ（コナラ）がたくさん落ちている場所に着くと、子どもたちはドングリを拾い始めます。保育者は、拾い集めたドングリを白い紙の上に置きます。

　よく見てみたり、探してみたりすると、細いドングリ、色の違うドングリ、バナナのような形をしたドングリなど、いろいろなドングリがあることを発見します。子どもはその発見を保育者に伝えようとします。保育者も子どももそれぞれの発見に共感したり、認めたりしています。

　特徴的なドングリがあったことやその不思議さを保育者が伝えると、改めて、ドングリをよく見たり、探したりする子どもの姿があります。

集まりでの振り返り

　園に戻ると、公園での散策を振り返ります。作成中の公園の地図を見ながら、どのような散策だったかを思い返します。

　持ち帰った自然物を見せながら秋だなと感じたことや、発見した自然物のことを伝えています。園外保育で、それぞれが経験したことや感じたことを共有する機会になっています。

自然体験と表現活動

　明日香保育園では、園外で自然に触れた経験を園内での表現活動につなげていくことを大切にしています。上の写真は、5月に春を探しに出かけた子どもたちが、拾った自然物を使って自由に表現している場面です。葉っぱなどを使って嵐を表現したり、家族に見立てたりする子どもの姿があります。つくったものを言葉でも伝えながら、保育者や仲間と共有し、認め合う姿があります。

本動画から考えられること

自然を感じたり、見たりすること

　自然体験を積み重ねていくことで、葉の色の変化に気づいたり、自然現象の不思議さを感じたりするなど、子ども自らが自然を感じたり、見ようとする姿があります。一方で、季節の移ろいやさまざまな自然の事象に子どもたちが関心を向けられるよう、意図的に伝える保育者の姿があります。

　子ども自身が感じようとすることと、保育者が意図して関心を向けられるよう状況を設定すること、その両方があることで、子どもの感性や自然に対する好奇心が育まれています。

子どもの発見により添う保育者

　子どもの発見、そしてそれを自分なりに言葉にすることを保育者は受けとめ、認めています。また、受けとめながら保育者は、自然の循環、季節の移ろいに関心をもち、気づいたり、考えたりすることができるよう言葉で伝えています。

　このような子どもの発見により添う保育者の存在は、子どもが自然や身のまわりの環境について、関心をもち、"自分ごと"として考えることにつながっています。

本動画を用いたカンファレンスから学んだこと

　自然のなかで、子どもたちは多くの気づきや発見をしています。保育者が子どもとともに体験し、共感することで自然への関心が深まり、豊かな感性や思いやりの心が育まれていきます。今回のカンファレンスを通して、自然と子どもをつなぐ保育者の役割の大切さを実感しました。

（4・5歳児クラス フリー 水口京子）

第3章

オンライン公開保育による
保育者の新たな
学びの創出

オンライン公開保育について

1. オンライン公開保育の可能性

　2015（平成27）年に子ども・子育て支援新制度が施行されて以来、保育の質や保育者の専門性向上の取り組みの一つとして、国公立幼稚園をはじめ、さまざまな種別、団体、地域において公開保育が多くおこなわれるようになってきました。保育者が他園の子どもの姿や保育者の援助行為、そして環境構成などを実際に見て、参加者同士で対話しながら学び合う取り組みが注目されてきていたのです。

　しかしながら、2020（令和2）年からのコロナ禍では、外部の多数の大人が子どもが生活する場に入っていくことは困難となり、保育者が参加する対面での公開保育はほとんどおこなわれなくなったのです。現時点（2023年11月）でコロナ禍は終息に向かっていますが、対面での公開保育は少なくなっています。実施されたとしても、参加人数や公開の時間が制限されるなど、その多くはコロナ禍前とは違った形態でおこなわれています。

　このようななかで注目され始めたのが、オンライン公開保育です。オンライン公開保育は、インターネット（Web会議システムなど）を通じて、保育の映像や音声が配信されるので、公開園に行かなくとも、インターネットがつながるどの地域からでも参加することができます。移動に時間をかけなくとも、職場や自宅などから容易に参加できるので、オンラインで見ることにはなりますが、これまでよりも他園の保育を見て学ぶ機会は増えていく可能性があります。オンライン公開保育によって、保育者の新たな学びの機会が創出されようとしているのです。

　オンライン公開保育は、対面での公開保育と違ってどのような特徴があるのでしょうか。1つめに考えられることは、オンライン公開保育では、カメラで撮影した映像が配信されるので、対面での公開保育と違って、保育の場に第三者が入らずに実施できるということです。よって、参加者は普段とより近い子どもの姿を見ることができます。カメラの担当者が園の職員であれば、よりそのような状況になることが考えられます。保育はそもそ

オンライン公開保育でのカメラ役を担う園長先生（Chapter 22）

オンライン公開保育で映し出される子どもの姿（Chapter 22）

も日常性が大事ですが、オンライン公開保育では、日常の保育や子どもの姿を通して保育のあり方を検討できる可能性があるのです。

オンライン公開保育の機材（Chapter 24）

　2つめの特徴は、zoom などの Web 会議システムを使うので、参加者のマイクをオフにしておくことで、公開する園の保育を同僚と対話しながら視聴できるということです。気がついたことをその場で言葉にしたり、同僚が気づいたり、考えたりしたことを聞きながら保育を見ることができるのです。対面の公開保育では基本、話をせずに見ることになるので、保育を見て、対話できることは大きな特徴でもあります。また、Web 会議システムのチャット機能を利用すれば、公開している保育について、不明なことや気になったことをその最中でも質問することができます。公開する園側の対応によっては、保育中に質問への回答を知ることができるのです。

　この質疑応答のやり取りは、チャット画面を通じて参加者全員が共有することもできます。このようにチャットの機能をうまく活用すれば、保育後の協議会を含め、参加する保育者と公開園の保育者とで、スムーズで活発な議論を展開できる可能性があるのです。

　3つめの特徴は、記録やカンファレンスなど、ノンコンタクトタイムでのマネジメントの場面も公開しやすくなるということです。記録やカンファレンスといった業務は、主に職員室でおこなわれますが、対面で多数の保育者が見学することは、部屋の構造上難しさがありました。オンライン公開保育では、保育と同様に、カメラ1台でも配信できるので、マネジメントの場面の公開も進んでいくことが考えられます。

　保育者のマネジメントは、保育の質向上や保育者の働き方の検討につながるので、他園の保育者にとってはとても興味深い内容です。しかしながら、これまではノンコンタクトタイムでのマネジメントの様子が公開されることはとても少なかったのです。マネジメントの公開が進むことで、保育やそれを支える保育者の働き方の改善が進んでいく可能性があります。

保育者のリフレクションの公開（Chapter 24）

　オンライン公開保育を実施する側においても、参加者を園に迎え入れる会場や印刷した資料を用意する必要がないので、機材などがあれば、その簡便さからその取り組みは進んでいく可能性があります。参加者する側もアクセスがしやすいので、ぜひ普及してほしい新たな研修のスタイルです。

　日本の保育は、諸外国のように、その実践（プロセス）の質を評価する公的なシ

ステムを持っていません。どのように保育の質を向上させていくのか、その仕組みについて模索しているところです。オンライン公開保育が普及することで、保育者間での保育のプロセスへの相互評価が進み、それによって、保育の質の向上がはかられていくことが期待されるのです。

2. オンライン公開保育における映像や音声について

　オンライン公開保育では、どのような映像が参加者に配信されるべきでしょうか。オンライン公開保育の映像は、まずは、なるべくクラスの多くの子どもと保育者が映り込むような俯瞰的な視野の映像があることが有効です。なぜならば、子どもの主体性や多様性を重視する保育では、多様な子どもと子ども、子どもと保育者、そして子どもと環境との関係がそれぞれの行為に影響しているからです。例えば、子どもは保育者と離れた場にいても、時々に保育者の位置を確認したり、その言動を注視している姿が見られます。保育者においても、近くの子どもとかかわりながら、離れた子どもも見取っていたりしているのです。

　一方で、オンライン公開保育では、子どもが自ら環境に働きかける姿や保育者や他児と対話する個別の姿も映像（音声を含む）によって表現され、配信される必要があります。参加する視聴者の立場からすると、映し出される子どもの姿からなんらかの物語が読み取れなければ、多様な子どもと保育者それぞれの思いが交錯する保育のなかから意味を見出すこ

固定カメラ（俯瞰カメラ）の映像（Chapter 24）

移動カメラの映像（Chapter 24）

とが困難になってしまうからです。ここが対面の公開保育との違いになります。

　対面の公開保育でもある一定のテーマはありますが、実際は、参加者自身が多様な子どもの姿から何らかの視点を見出そうとします。子どもの姿の背景にある保育の意味を考えようとするのです。つまり、オンライン公開保育では、対象となる保育の視点は、映像を配信する側（保育者とスタッフ）により委ねられることになります。よって、保育者のその日の保育に対する意図も大事な視点になりますが、保育を映し出すカメラワークや配信する映像を構成を担当するスタッフの意図も、オンライン公

開保育においては大事な視点になります。

保育後の協議会の公開（Chapter 24）

オンライン公開保育の音声には、保育での子どもや保育者の音声とともに、第三者の音声も配信することが可能です。テレビのスポーツ中継のように、配信される場面などに解説を入れることができるのです。第3章で紹介する動画では、筆者と公開園の園長などが対話をしながら、状況などを解説しています。このような実況や解説を音声に入れることで、公開園の保育での保育者の意図やこれまでの経緯などを映像とともに参加者に伝えることができます。これによって、複雑で多様なそれぞれの保育を限られた時間のなかで参加者が理解する一助になることが考えられます。また、他園の保育から学ぶことのモチベーションにもつながっていくことが考えられるのです。これも保育の学びの新たな可能性なのです。

第2節では、実際のオンライン公開保育で配信された映像を、ダイジェスト版として編集した動画が6本収録されています。本動画では、公開された保育とともに保育者のカンファレンスや協議会の様子も収録されています。ぜひ視聴いただき、遊びを重視した保育や、これからのオンライン公開保育のあり方について考える機会にしていただければと思っています。

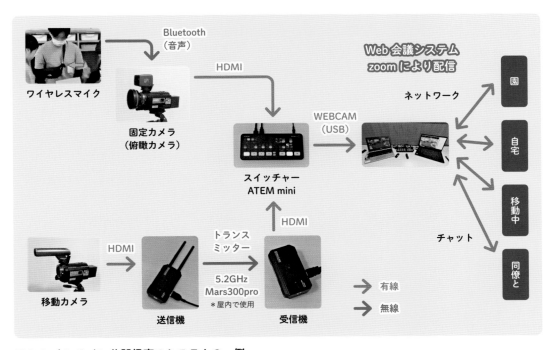

図3-1 オンライン公開保育のシステムの一例

コラム❼ 向山こども園のオンライン公開保育

向山こども園副園長　木村 創

　向山こども園（宮城県仙台市）では、コロナ禍前より、自園が主催する公開保育を年に2回ほどおこなってきました。コロナ禍以降は、オンライン公開保育に切り替え、年に4～6回おこなっています。

　向山こども園で公開保育を実施するのは、自園の保育者の研修の場として重視しているからです。公開保育は、「すばらしいモデル園」として実施するのではなく、外部の保育者の目や耳を使って自園を客観視し、参加者の問いをもとに自園の保育者の対話を促す機会と考えています。自園だけでは気づきにくい独自の文化や習慣を、外部の保育者は敏感に感じ取ってくれます。自園ではタブー視されそうなことも、問いとして投げかけくれます。外部の保育者との対話を通して、問いに対する考えを自身で整理してアウトプットしたり、自分たちの園の実践を説明するために言葉を紡ぎだしたりしていきます。このプロセスのなかにこそ、自己省察が生まれ、保育を見直すきっかけになると考えています。公開保育は、公開園の保育者や外部の参加者が対話をするピアレビューの場なのです。

対面での公開保育とオンライン公開保育について

　図3-2は、対面での公開保育とオンライン公開保育を比較したものです。

	対面での公開保育	オンライン公開保育
参加者	●自分で見る場所を選べる。 ●他者が何を見たかはわからない。	●全員で同じものを見ることができる。 ●自由度は低い。
公開する保育者	●多くの外部の保育者に囲まれ、緊張する。 ●何を見られているのかわからない。	●カメラ以外は誰もいないため、緊張感をあまり感じない。 ●公開保育後に、アーカイブ（記録映像）を見ることができる。
子ども	多くの大人に囲まれ、時には声をかけられるため非日常である。	カメラ以外は誰もいないため、圧迫感を感じず、日常生活を送れる。
公開範囲	園で限定することはできるが、園のすべてを公開することも可能。	カメラが動けたり、設置できたりする範囲に限定される。
カンファレンス	公開は難しい。	公開が可能。
参加者費用	交通費や宿泊費など、負担が大きい。	参加費のみで、ほとんど費用がかからない。
運営費用	職員でおこなえば印刷費用などで抑えられる。	配信のための機材や技術を外部に委託する場合は、多くの費用が必要となる。
運営 参加費の徴収・領収証の発行など	自園のスタッフで可能。	オンライン決済や、必要に応じて仲介業者からの支援が必要である。

図3-2 **対面での公開保育とオンライン公開保育の比較**

対面での公開保育は、参加者の自由度が高く、さまざまな場（クラス）での公開や保育後の分科会などが設定されます。例えば、保育後に学年ごとの小グループでの対話の場をつくれば、保育者が多様な視点による参加者のコメントから、自分の保育を振り返ることができます。

オンライン公開保育での基地局（Chapter 23）

一方で、自然発生的な対話もおこりやすいので、経験豊富な保育者にとっては、参加者と直接言葉を交わし、対話を通した学びが多くなります。経験の少ない保育者にとっては、参加者からの問いかけの意味がよく理解できなかったり、話しかけられることに高い緊張感もあったりと、ハイリスク・ハイリターンな研修会になります。

一方、オンライン公開保育は、カメラがあること以外は普段の保育が展開されるため、子どもや保育者にとっては、公開によるイレギュラーはほとんどありません。公開園にとっては、見せたいことや対話の題材にしたい場面を切り取ることができ、参加者が同じ場面を共有できるので、対話の内容も焦点化しやすくなります。視点が定まりにくい参加者や対話に慣れていない保育者にとっては、主催者がある程度コントロールできるので、ローリスク・ミドルリターンな研修会となります。

オンライン公開保育のメリット

オンライン公開保育において、普段の子どもの姿を映し出し、同じ場面を共有できることは、対話が生まれる大切な要素になります。同じ場面を見て、それぞれの感想や考えたことを伝え合うことができるため、改善点が明確になるなど、成果を出しやすいことが考えられます。

本園のオンライン公開保育で、1学期の5歳児クラスを公開しました。この日は室内で興味が同じ子どもたちがそれぞれに遊ぶ場面を配信して、人間関係の変化や協同性について対話ができたらと思っていました。移動カメラは学年主任の保育者が担い、解説しながらさまざまなコーナーを紹介する予定でした。しかし、ある遊びでいざこざがおこり、担任は別の子どもに対応をしていたため、学年主任が子どもたちの話を聞くことになったのです。すぐに解決できると思われたこのいざこざは思わぬ方向に展開していきます。

A児が他の遊びに行こうとしたところ、B児たちが止めたのですが、話を聞いてみると、A児はよく遊びを抜けてしまうということだったのです。一緒に遊びたいと思っていたり、一緒につくっているのに離れてしまうA児に「いつもいつもぬけないでよ！」と感情をぶつけるB児。同調する子どももいれば、言い方をたしなめる子どももいるなど、緊迫したなかで、子どもたちの豊かなコミュニケーションが見られた30

向山こども園のオンライン公開保育の機材

分間でした。

　この様子をオンライン公開保育に参加していた90名の大人たちが視聴し、その後、かかわった学年主任と一緒に振り返りました。このような子どもたちのいざこざの場面を参加者に見せることができたのは、カメラを通して映し出していたからです。対面の公開保育でぐるりと大人が囲んでいたら、子どもながら言い方に気をつけたりして、いざこざにならなかったのではないかと思います。

　保育の質の向上においては、このような普段の子どもの姿から、対話を通して検証されていくことが大切です。よって、望遠のカメラなども駆使できるオンライン公開保育は、普段の子どもの姿から保育を考えるには有効な方法といえるのです。

オンライン公開保育の課題

　オンライン公開保育の課題は、参加者の自由度が少ないことです。オンライン公開保育では、複数のカメラや音声を切り替えながら配信することになります。参加者にとっては、個別に最適化された観察とはならず、もう少し見ていたいと興味をもったとしても、画面や音声が変わってしまえば、強制的に別のシーンを見ることになります。参加者の自由度は、これからオンライン公開保育が普及し、参加者が増えていくことにも影響する可能性があります。

　公開保育の目的が公開園の質の向上にあるべきだとは思いますが、同時に参加者自身が必要とする情報を得ることができなければ、積極的に参加してもらえなくなってしまいます。多くの方々が参加し、多様な価値観が対話によって交流することで、質の向上につながります。自由度が下がってしまうオンライン公開保育では、公開園が配信する内容を決めていますが、参加者のニーズにも応える取り組みが大切になってくると考えます。

オンライン公開保育の実施における工夫

　オンライン公開保育をより効果的に実施にするための工夫があります。まずは、ある視点から、複数の参加者がさまざまな思いを巡らせ対話を進めていくためには、事前の情報が大切になります。対面の公開保育では、園の立地や地域性、室内外の環境や施設の規模感などを体感できます。一方、オンライン公開保育では、配信された映像、つまり保育の部分的な場面を見ることになります。よって、園の基礎情報や最近の子どもの姿などを事前に伝えておくことが有効です。保育者による説明動画や園の紹介ムービーなども事前に配信しておくことが効果的です。

　次に、公開園と参加者との橋渡しとなるコーディネーターが必要ということです。た

だでさえ緊張度の高い公開保育であるため、肯定的な視点で進行したり、適切なかたちで参加者からの疑問をわかりやすく投げかけたり、園の情報を補うなどの役割がコーディネーターには求められます。養成校の教員など、専門的な知見をもったコーディネーターが園の保育者と対話しながら実況することで、適切なフィードバックを参加者や保育者の双方に送ることができるようになります。

また、公開園と参加者との対話について、対面の公開保育では、保育後にその機会が設定されているため、対話がおこりやすいのですが、オンラインの場合は、配信された保育を見ながら、園の同僚と対話することが予想されます。このような対話も大切ですが、公開保育の一つの目的が公開園との対話だとすると、それがおこりにくい状況は望ましくはありません。そこで、リアルタイムでの保育を実況し、適宜コメントを求めたり、チャット機能を使ったりするなど、参加者とコミュニケーションをとっていくことが大切になります。

保育後の保育の振り返り（協議会）については、オンライン公開保育では、いくつかの方法があります。コーディネーターが保育者にインタビューする、カンファレンスを中継する、また zoom のブレイクアウトルームなどの機能を活用してグループディスカッションをするといった方法があります。

オンライン公開保育の機材について、カメラは全景を撮る俯瞰カメラと、子どもたちの遊びを定点で撮るカメラ、そして移動できるカメラなど、複数のカメラの運用が大切になってきます。移動できるカメラ1台でも映像は撮れますが、保育を振り返り、対話を促す材料としては情報が制限されます。対話が限定的になることが予想されるので、カメラは複数あったほうがいいでしょう。

映像と同様に大切なのが、音声の機材です。保育者や子どもの声、コーディネーターや参加者からの声、問い合わせに対応する園の進行など、実は多くの音声を重ねて配信することになります。映像はある程度乱れても許容できますが、音声が聞こえないと状況が伝わりにくくなります。五感を使えないオンラインというデジタル情報だからこそ、映像と音声はできるだけ良いものにしていくことが求められます。

コロナ禍になり、向山こども園ではオンライン公開保育を始め、試行錯誤しながら積み重ねてきました。本書では、2023（令和5）年に実施された5歳児クラス（Chapter 23）、教育時間後の異年齢保育（Chapter 25）のオンライン公開保育のダイジェスト版を掲載しました。視聴いただき、対話を促すオンライン公開保育のあり方について考える機会にしていただければと思っています。

■ オンライン公開保育でのカメラ（Chapter 23）

Chapter 21

場づくりやものづくりを通して 遊びを深めていく子どもの姿

動画は
こちらから

認定こども園あかみ幼稚園 5歳児クラス（栃木県佐野市）

A キャンプごっこ
B クッキー屋さん
C 宝石屋さん
D 製作コーナー

動画視聴のポイント

●子どもが仲間と場をつくり、その場を拠点にして遊び込む姿に注目してほしい。

●つくることを通して遊びを展開し、深めようとする子どもの姿に注目してほしい。

●製作コーナーからクラス全体を見取り、必要に応じて援助する保育者の姿に注目してほしい。

キーワード

●場づくり
●ものづくり
●製作コーナー
●俯瞰した見取り
● Agency（14頁参照）

※本動画は、2021（令和3）年10月25日に開催された佐野市子ども・子育て国際フォーラム2021
（主催：佐野市子ども・子育て国際フォーラム2021実行委員会、共催：佐野市、東京大学教育学研究科附属発達保育実践政策学センター）における認定こども園あかみ幼稚園のオンライン公開保育
（テーマ：主体的・対話的で深い学びとAgency）にて配信された映像のダイジェスト版です。
※本動画には、認定こども園あかみ幼稚園園長の中田幸子先生の解説が入っています。

フリースペース

　5歳児クラスの保育室の遊び環境は、この時期、製作コーナー以外の場のほとんどをフリースペースにしています。これまでの遊びの積み重ねから、子ども自らが場を活用する力を育んできているからです。

　遊びが始まると、フリースペースでは以前から続いているキャンプごっこ、クッキー屋さん、宝石屋さんといった場を大型積み木やテーブルなどを用いて仲間とつくり出しています。ある程度場をつくり終えると必要なものを出して、さらに遊びを展開しています。

　この日の遊びが終わると、ものだけではなく、それぞれの場も片づけます。日々場をつくることは、新たなイメージや工夫が生じたり、協同性が育まれたりするなどのプロセスになっています。

D 製作コーナー

　製作コーナーでは、キャンプごっこのいすをつくるなど、場での遊びに必要なものをつくったり、個人でつくりたいものをつくったりしています。

　つくるにあたって、自分で素材や道具を選ぶことができるよう、自然物、廃材、色画用紙など多種多様な素材が棚に整理されて置かれています。

フリースペース

　遊びの前半、あえて製作コーナーにいることの多かった保育者は、製作コーナーの遊びが安定してきたこともあり、それぞれの場へ援助に向かいます。保育者は、場での遊びを自分たちで進めていけるよう近くで見守ったり、子どものイメージを受けとめ共感したり、お客さんになって応答したりして援助します。

　保育者が近くにいなくても自分たちで遊べていますが、時々に保育者がかかわったり、認めたりすることで、動機づけられ、遊びをさらに展開していく子どもの姿があります。

遊びの後の集まり

（25分30秒頃〜）

　認定こども園あかみ幼稚園では、集まりの際に、わらべ歌や手遊びなど、身体の動きのある歌や活動を大切にしています。この同調性をともなう活動を通して、クラスの仲間と過ごす心地よさや楽しさを感じてほしいからです。

　遊びの振り返りの際には、それぞれの遊びでの工夫や課題がクラスの仲間と共有されています。仲間と共通の体験をすることと、クラスの仲間それぞれの多様な工夫やこだわりを認め合うこと、集団保育としてその両方があることを大切にしています。

本動画から考えられること

遊びを見取る保育者

保育者は、製作コーナーでつくる遊びを見取ったり、つくるモデルを示したりしながら、フリースペースで展開される遊びを見取ろうとしています。仲間と展開しようとする遊びを見守り、必要な援助やタイミングを見極めているのです。必要な際にはその場に行き、共感したり、言葉をかけたり、相手役になったりして援助しています。子どもが自立して遊びを展開していくためには、保育者の援助の見極めが大切です。そのためにも、製作コーナーなどの離れた場からの冷静な見取りが大切なのです。

つくることを通して遊びを深める

場での仲間との遊びや一人での遊びにおいて、素材などを用いてつくるプロセスを大切にしています。つくるプロセスにおいて、子どもは自らの経験を思い返したり、工夫して考えたり、仲間と目的やイメージを共有したりしています。安定してつくり続けることのできる製作コーナーやそれぞれの場があることで、遊びが深まり、Agencyが育まれていくのです。

オンライン公開保育から学んだこと

子どもたちが主体的・対話的で深い学びを遊びのなかで経験するためには、日々の環境設定や言葉かけとそのタイミングがとても大切であると改めて実感しました。

また、子どもたちのAgencyのためには、保育者自身が子どもの力を信じて見守る心の余裕が大切であると学びました。

（5歳児クラス担任 佐藤浩美）

Chapter 22

オンライン公開保育

多様なものとかかわって遊んだり、片づけたりする子どもの姿

動画は
こちらから

出雲崎こども園 3歳児クラス（新潟県出雲崎町）

A ままごとコーナー　B フリースペース　C 製作コーナー　D 積み木コーナー

動画視聴のポイント

● 多種多様なものから見立てを楽しみ、遊びを展開する子どもの姿に注目してほしい。

● 多様な素材から選択し、つくろうとする子どもの姿に注目してほしい。

● 遊びや集まりにおいて、子どもにより添い、その思いを受けとめる保育者の姿に注目してほしい。

キーワード

● 製作コーナー
● ままごとコーナー
● 多様なもの
● 片づけ
● 保育者の連携

※本動画は、2022（令和4）年3月10日に開催された第1回東洋大学オンライン公開 in 出雲崎こども園にて配信された映像のダイジェスト版です。
※本動画には、出雲崎こども園主幹保育教諭の松延摩也子先生の解説が入っています。

C 製作コーナー

　製作コーナーでは、棚に折り紙や廃材などの多様な素材、はさみやペンなどの道具が置いてあり、子どもが選んで使えるようになっています。

　さまざまな素材に触れ、試してみることを積み重ねてきたことで、自分なりに工夫して素材を使い、表現してみようとする子どもの姿があります。また、ある子どもがつくった折り紙のパクパクを見て、同じようにつくってみようとする姿があります。

　自然物やビーズなどその他の素材が廊下の棚に置かれています。この棚は、子どもが自身の遊びに必要な素材があった際に、保育者と一緒に取り出すようにしています。

A ままごとコーナー

　料理や飲み物に見立てられる多様なものがあり、さらに多彩な色もあることで、工夫して料理をつくり、並べる子どもの姿があります。

　透明な器があることで、見ためをイメージしながらつくりやすくなっています。遊び環境として、置くものを工夫することで、子どものイメージが広がったり、展開しやすくなったりします。

B フリースペース

保育者が設定した暗幕の場をお家として、ごっこ遊びを続ける子どもの姿があります。遊びが展開するなかで、結びやすい布を使って上着やスカートにする姿があります。

後片づけ

出雲崎こども園では、たくさんのものを使って遊ぶことが多いのですが、その片づけでは保育者が急かさず、時間をかけておこなっています。子どももそれぞれが自分のペースですすんでおこなう姿があります。

食器などを棚に片づける際には、単に置くのではなく、時間をかけて見た目も整え、こだわって置いています。片づけも考えながら楽しんで取り組めるよう援助しています。

遊びの振り返り（30分40秒頃〜）

遊びでの特にものとのかかわりにおいて、工夫したこと、こだわったことを伝えています。それに対する他児の反応（つぶやき）も活発で、子どもの思いや言葉が丁寧に受けとめられてきていることがうかがえます。

本動画から考えられること

子どもの遊びにより添う保育者

　子どもが志向する遊びやその時々の思いにより添う保育者の姿があります。座ったり、身をよせたりしながら、子どもに応答し、認めることで、安心して自分の思いやイメージを表す子どもの姿があります。

　子どもが環境にかかわり、それぞれが自分なりの思いやイメージをすすんで表現する背景には、より添う保育者との安定した関係があるのです。

チーム保育における連携

　この年の出雲崎こども園の3歳児クラスは、二人の常勤保育者がチームで担任をしています。動画では、集まりでの振り返りの前にそれぞれが見取った子どもの姿を伝え合う場面があります。また、午睡時の日々のノンコンタクトタイムでは20分ほど担任同士でカンファレンスをおこなっています。

　このように連携して子どもを見取り、その言動の意味を読み取っていくことで、子どもそれぞれに対する理解が進み、保育者と子どもとの安定した関係が築かれていくのです。

オンライン公開保育から学んだこと

　日々のなかで芽生えた気づきにアンテナを張り、担任同士で共有し、保育に活かしていくことが子どもたちの日々を色鮮やかなものにしていくのだと思います。公開保育に向けて、保育を振り返るなかで日々の保育の大切さ、保育者のあり方を改めて考える貴重な機会となりました。

（3歳児クラス担任 山田祥子）

Chapter 23

遊びの拠点において協同的な遊びを展開していく子どもの姿

動画は
こちらから

向山こども園 5歳児クラス（宮城県仙台市）

かき氷屋さん　カフェ　カナヘビ　へんてこスーパー

動画視聴のポイント

● 園庭での協同的な遊びに向けて、子どもが必要なものを運ぶことを通して、遊びの拠点を築いていく姿に注目してほしい。

● 遊びの拠点において、仲間と試行錯誤しながら遊びを深めていく子どもの姿に注目してほしい。

● 広い園庭において、拠点をベースに子どもを見取り、援助する保育者の姿に注目してほしい。

キーワード

● 必要なものを運ぶ
● 遊びの拠点
● 協同的な遊び
● 拠点への援助
● 園庭での見取り

※本動画は、2022（令和4）年6月22日に開催された向山公開保育2022（テーマ：園庭での協同的な遊び－遊びの拠点づくりを通して－）にて配信された映像のダイジェスト版になります。
※本動画には、向山こども園主任の木村裕衣菜先生の解説が入っています。

遊びの拠点

　園庭での遊び出しにおいて、保育室からそれぞれの場に道具を運んでいます。自ら遊びに必要なものや道具を運び、改めて子どもが場をつくることを通して意味づけ、遊びの拠点（すずめ踊り、へんてこスーパーなど）を築いていきます。

　このような遊びの拠点を築いていくことで、園庭においても仲間と目的やイメージを共有した協同的な遊びや探究的な遊びを展開することにつながっていきます。子どもそれぞれの遊びに応じて、ものや場にどうかかわっていくのか、その状況や環境を保育者がつくり、援助しています。

虫の観察

　虫を捕まえることが好きな子どもが集まってできた拠点です。最近は、ムネアカアリを捕まえて、観察しています。みんなに伝えるため、ここ数日は捕まえたアリの数を、マークをつけて記録しています。

動物園づくり

　モルモットを入れるため、プラスチックダンボールで柵をつくっています。動物園としてモルモットをみんなに見てもらい、そのうえで逃げ出さない柵にするにはどうすればいいのか、考えながらつくっています。

影絵
スタンプラリー
オンライン基地局
カフェ
木工コーナー
動物園づくり

すずめ踊り

　ゴールデンウイークに仙台・青葉まつりを見た子どもが、すずめ踊りや踊っていた人々のメイクに興味をもち、始まった遊びです。この拠点でメイクを試してみたり、踊ってみたりしながら、遊びが続いています。

遊びの振り返り（36分30秒頃〜）

　影絵では、ライトの当て方を試したり、保育者に援助されカメラで記録したりする子どもの姿があります。集まりでは、その写真を用いて、遊びのことや顔を投影できるのかを試してみたエピソードが紹介されます。

　遊びの拠点は広い園庭につくられるので、それぞれが離れています。集まりなどで振り返り、お互いの遊びを知り、関心をもちあうことで、それぞれの遊びが深まっていきます。

本動画から考えられること

遊びの拠点による展開

　遊びの拠点（スタンプラリー）において、仲間とスタンプやインクを試しながらじっくりとつくり、できたスタンプを園庭のなかに配置する子どもの姿があります。拠点が安心、安定して取り組める自分たちの場になっていることで、仲間と目的を共有した遊びが深まり、自立して展開していくことにつながっていきます。

遊びの拠点における援助

　遊びの拠点を重視した保育では、子どもそれぞれが拠点で遊びを展開していくことが多くなります。保育者の側からすると、子どもが大きく動きまわることが少なくなり、広い園庭においても担当する子どもそれぞれを見取りやすくなります。見取りやすさは、必要なタイミングでの援助にもつながっていきます。

　5歳児クラスにおいても、遊びを深めていくためには、保育者の援助が必要な場合があります。子どもが自立して遊ぶことと保育者から時には必要な援助があること、園庭においてこの両者を可能にするためには、遊びの拠点があることの意味は大きいです。

オンライン公開保育から学んだこと

　一人ひとりの「こうしたい！」という思いを引き出し、考えたことを自分たちで実現させていく経験を保障するには、日々の環境構成が重要だと改めて実感しました。今後も、カンファレンスでの振り返りと連動させながら、環境構成をおこなっていきたいと思います。
（5歳児クラス主任 木村裕衣菜）

Chapter 24

オンライン公開保育

つくって表現することを通して
地域とつながる子どもの姿

動画は
こちらから

羽茂こども園 5歳児クラス（新潟県佐渡市）

A ままごとコーナー
B 郵便ごっこ
C 製作コーナー
D ピザ屋さん

動画視聴のポイント

● つくることを通して、地域のことや地域での経験を振り
　返り、地域とつながる子どもの姿に注目してほしい。
● 工夫したり、こだわったりしながら、つくり出していく
　子どもの姿に注目してほしい。
● 遊びや集まりにおいて、その子どもなりの表現を受けと
　める保育者の姿に注目してほしい。

キーワード

● 地域とのつながり
● 製作コーナー
● ものづくり
● 場づくり

※本動画は、2022（令和4）年11月8日に開催された第2回東洋大学オンライン公開保育 in 羽茂こ
ども園（テーマ：遊びと対話による主体的な学びや経験の深まり）にて配信された映像のダイジェ
ストです。

※本動画には、羽茂こども園副園長の石木むつみ先生の解説が入っています。

C 製作コーナー

　羽茂こども園では、遊びの際に製作コーナーを常設し、子どもそれぞれがつくりたいものをつくることを大切にしています。コーナーでの遊びに必要なものを、この場に来てつくることもあります。また、遊び出しがうまくいかない子どもが、まずはここを安心の居場所にすることもあります。

　素材は、保護者の協力から空き箱などの廃材を集め、多くの素材のなかから、子どもが選択できるようにしています。スズランテープ、ガムテープなどは、色も複数用意して選べるようにしています。道具もハサミ、ダンボールカッター、色ペンなど、つくる際に必要な道具を子どもが考えて選べるよう整理して置いています。

D ピザ屋さん

　「さどっこピザ」と名づけ、6月より展開しています。この期間におこなった実際にピザをつくる経験なども活かし、ダンボールを切って新たにピザをつくったりしています。看板をつくったり、お店に必要なものをその都度つくりながらこの遊びが続いています。

C 製作コーナー

　5歳児クラスでは、園外保育で近くの川や海で魚釣りをすることがあります。家庭や地域での経験から、魚に興味のある子どもが多くいます。その一人のA児は、前日から図鑑を見ながら、好きな魚を色画用紙に描いています。好きな魚について、うれしそうに保育者に説明しながら描いています。

　魚の絵を10枚ほど描き上げると、その絵をテープでつなぎ始めます。保育者も一緒に作業をしながら、A児が折りたたみの魚図鑑をつくろうとしていることを理解します。つなぎ合わせると、保育者は、たたんだ図鑑をリボンで結んで束ねることを提案します。

　保育者が図鑑を高く持ち、A児が紐を引っ張ってほどくと、魚の図鑑がパタパタと開いていきます。A児は、イメージしていたこと、やりたかったことが実現でき、満足しています。

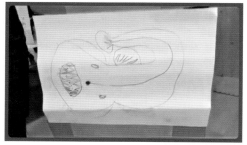

遊びの振り返り

　片づけの後に、サークルになって遊びを振り返ります。つくった棚の扉やコブダイピザなど、それぞれがこだわり、工夫したことを伝えています。保育者は、補足して伝えたり、対話を促したりしています。

本動画から考えられること

地域とのつながり

　園外保育で出かけた地域の郵便局に関心をもち、ポスト、バイク、郵便車などをつくって遊んでいます。また、佐渡に生息するコブダイを題材にピザをつくってみたり、パタパタ魚図鑑をつくってみたりするなど、つくることを通して子どもたちが暮らす地域（佐渡や羽茂の街）に関心をもち、つながっていく姿があります。子どもが地域に関心をもち、つながっていくには、実体験も大切ですが、つくって表現することで、地域への関心がさらに深まっていくのです。

必要なものや場をつくり出す

　子どもそれぞれが遊びを展開していくなかで、必要なものや場を考えたり、仲間と共有したりしながら、つくり出している姿があります。子どもが自由に素材や道具を使える製作コーナーがあり、さらに場づくりのできるスペース、テーブル、棚などがあり、そして保育者がつくるモデルを示し、つくったものを認めていくことで、自らつくり出していく姿勢や力が育まれていくのです。

オンライン公開保育やその動画から学んだこと

　島外の保育関係者と保育を振り返ることができ、今後の環境構成や子どもへの働きかけのヒントを得ることができました。また、映像から保育を省みることで、子どもへのかかわり方、全体を見通す視野の確保など、改善したいところが明らかになりました。

（5歳児クラス担任 吉田歩・中川知香）

Chapter 25

教育時間後の子どもそれぞれのペースに応じた保育

動画は
こちらから

向山こども園 教育時間後の保育（宮城県仙台市）

動画視聴のポイント

● 認定こども園での教育時間後の保育において、子どもそれぞれが自分のペースで過ごす姿に注目してほしい。

● 子どもが徐々に降園し、減っていくなかでの環境や保育者の援助について注目してほしい。

● チーム保育における子どもの見取りや安全管理のあり方について注目してほしい。

キーワード

● 教育時間後の保育

● 異年齢保育

● 小さめのコーナー

● 遊びの伝承

● チーム保育

※本動画は、2022（令和4）年12月1日に開催された向山公開保育2022（夕やけの時間の保育）にて配信された映像のダイジェスト版になります。

※本動画には、向山こども園夕やけの時間主任の安立奈央先生の解説が入っています。

午後の迎え（14時半頃）

　向山こども園の教育時間後の保育（夕やけの時間、3・4・5歳児）は、教育時間の園舎とは別の園舎で過ごします。ここでの保育は、夕やけの時間の保育者が担当します。

　教育時間の保育を終え、歩いて移動してきた子どもたちが安心して生活を始められるように、保育者は「おかえり」と声をかけ、迎えます。子どもは、身支度を整え、ロッカーに荷物を入れ、夕やけの時間での生活を始めます。

リビング

　中央のリビングは、ソファのスペースを大きくとったり、小さなコーナーを数多く設けたりしています。夕やけの時間では、個人や仲間でやりたいこと（折り紙、絵本、パズル、絵を描くなど）をそれぞれのペースで進めたり、ゆったり過ごしたりすることができるよう環境を整えています。

積み木・ぬり絵の部屋

　降園時間が多様な夕やけの時間では、自分のペースでおこなったり、区切りをつけたりすることがしやすいぬり絵や積み木を遊び環境の一つに位置づけています。ここでは、仲間と場を共有しながらそれぞれに取り組む姿があります。なお、ぬり絵は教育時間（午前）の保育ではほとんど使用していません。

園庭（17分30秒頃〜）

　夕やけの時間では、小さめの園庭が設けられています。ここでは、異年齢の子どもたちがサッカー、花いちもんめ、だるまさんが転んだなど、仲間とルールのある遊びをすることが多く、子どもたちのなかで遊びの伝承がおこりやすい場になっています。

　また、園庭の一角にはたき火の場があり、保育者が見守るなか、5歳児が火をおこしてみたり、薪をくべたりしています。たき火をしながら、午前中の保育について保育者に話す子どもの姿があります。保育者はたき火の管理をしながら、園庭で遊ぶ子どもたちを見守っています。

16時の集まり（32分10秒頃〜）

　約半数の子どもが降園した16時頃、一度遊びを区切り、集まりをおこないます。保育者や仲間と一緒に、ゲームや紙芝居を楽しみます。他の保育者は、この時間に各部屋や園庭を片づけたり、改めて環境を整えたりします。

集まり後の遊び

　集まりの後は、主に中央のリビングで遊びます。この時間は、少人数で楽しめるカードゲームやパズルなどの遊具を増やしています。子どもが徐々に少なくなっていくこの時間、保育者は子どもにより添って、じっくりとかかわって遊ぶことを心がけています。

本動画から考えられること

遊びを見て学ぶ環境

　サッカーやたき火などの様子を見ている子どもの姿があります。また、見やすい環境が意図的に整えられています。異年齢の子どもがかかわり合う機会の多い夕やけの時間では、一緒に遊びながら年少者は遊びを学んでいくとともに、周辺からその様子を見て学ぶ機会が多くあります。子どもが自立して遊びを進めていくプロセスとなっています。遊びの環境とともに、周辺で遊びを見て参加するといった環境を整えることも、異年齢の保育では大切です。

子どものペースに応じた援助

　認定こども園の教育時間後の保育では、子どもが過ごす時間は多様です。よって、子どもそれぞれの生活や遊びのペースに応じられるような環境や援助が大切になります。環境は、小さめのコーナーが数多く設定され、一人や少人数で楽しめる多様な遊具があります。また、状況に応じて、より添う保育者の姿があります。このような多様性に配慮した環境や援助によって、子どもが長時間の園生活を安心して過ごすことにつながっていきます。

オンライン公開保育から学んだこと

　夕やけの時間に、子どもがのんびりする環境を意図的につくり出すことの難しさとやりがいを感じました。コロナ禍も過ぎ、さらに地域の大人や小学生と触れあえるよう、力を入れていきたいと考えています。子どもにとって多様な大人がいることの重要性を伝えていきたいです。

（夕やけの時間主任 安立奈央）

Chapter 26

つくることを通して社会とつながり 知的好奇心を育む子どもの姿

動画は
こちらから

茨城大学教育学部附属幼稚園
3・4・5歳児クラス（茨城県水戸市）

4歳児クラスの保育室

工事車両　　水戸駅　　製作コーナー

お城と宝石

なんでも屋さん

動画視聴のポイント

- つくることを通して、子どもが好奇心をもち、社会とつながろうとする姿に注目してほしい。
- つくったものを用いて遊ぶことを通して、仲間とつながっていく姿に注目してほしい。
- 園外保育と遊びとの関係において、知的好奇心や探究心を育む子どもの姿に注目してほしい。

キーワード

- つながる保育
- ものづくり
- 社会とのつながり
- 知的好奇心
- 探究
- タブレットの活用

※本動画は、2023（令和5）年2月10日に開催された令和4年度茨城大学教育学部附属幼稚園研究会（テーマ：つながる保育－遊びを広げる、深めていく子どもの姿を目指して－）でのオンライン公開保育にて配信された映像のダイジェスト版です。
※本動画には、茨城大学教育学部附属幼稚園園長の神永直美先生の解説が入っています。

5歳児クラス

テレビ局に興味のある子どもたちはスタジオをつくり、この日はニュース番組（ワンニュース）のリハーサルをしています。他のグループがおこなっている動物園のことが話題になっています。

テレビ局では、おしゃれ屋さんのCM、お話し屋さんのペープサート、動物園など、他のグループの遊びを番組にして取り上げることもあります。テレビ局を介して、それぞれの遊びがつながりながら展開し、深まっています。

集まりでは、タブレットで撮った動画を見ながら、振り返っています。

3歳児クラス

保育室の中央では、積み木、つい立、テーブルなどを使って、仲間とお家をつくっています。製作コーナーやその周辺では、餅つき、カメラ、ライトなどそれぞれがつくりたいものをつくり、それを用いて遊ぼうとする姿があります。

前日の集まりでは、ある子どもがつくった水戸芸術館のタワーが話題になりました。その影響もあり、自分なりにこだわってタワーをつくる子どの姿があります。

つくることを通して、多くの子どもが活発にイメージをめぐらせています。

４歳児クラス

茨城県自然博物館での宝石展から宝石づくりを展開したり、隣の小学校に来ていた工事車両からショベルカーやミキサー車をつくったり、実際に駅に行き水戸駅（自動改札、切符の自動販売機）をつくってみたり、園外保育などで見たり、経験したりしたことを活かしながら、仲間とつくることをさらに展開している姿があります。

興味のあることを園外保育などで実際に経験してみることは、仲間との目的やイメージの共有を促し、協同的な遊びへの発展につながっていきます。また、本物に近づけようと考え、探究しようとする姿につながっています。経験することとつくること、その両方があることで、子どもの知的好奇心が育まれています。

遊びの後の集まり（31分20秒頃〜）

タワーに興味をもったり、つくったりする子どもが複数いた３歳児クラスの集まりでは、保育者はタワーに関する絵本を紹介します。タワーへの関心がクラスに広まりつつあるなかで、絵本（『しごとば 東京スカイツリー』鈴木のりたけ、ブロンズ新社）のスカイツリーにも興味をもってじっと見ている姿があります。

本動画から考えられること

園外保育から遊びへ

　4歳児クラスの保育室（保育室のみの公開）では、園外保育での自然博物館の実物大模型からダイオウイカや宇宙（土星、太陽など）をつくって展示するなど、園外保育で見たことが、つくったり、調べたりする遊びにつながっています。園外保育の経験が、遊びを活性化する貴重な情報源になっているのです。

　子どもの遊びの深まりには、その題材となる情報が不可欠です。多様な生活経験をすることが少ない現代の子どもにとって、園での遊びが豊かになっていくためにも、園外保育のあり方を考えることが大切になってきています。

遊びから園外保育へ

　3歳児クラスでは、公開保育前後でのタワーづくりの様子、また集まりなどにあったタワーへの興味から、園外保育に水戸芸術館のタワーに行くことになりました。このように、園内での遊びや話題から園外のことに関心を広げていくプロセスには、子どもが外界への関心を広げ、見ようしたり、知ろうとしたりする姿につながっています。この後には、踏切をつくる子どもの姿がありました。

オンライン公開保育を通して学んだこと

　つくることを通して、自分と"もの"とのつながりを楽しむことから、友だちや外の世界へとつながりを広げていく過程を実感しました。3歳児のつくろうとする意欲やそれぞれがこだわりをもってつくろうとしている姿に驚きを感じたのと同時に、大きな可能性を感じることができました。
（3歳児クラス担任　向後篤子）

おわりに

　本書での保育実践を収録した動画やそれらを用いた園内研修のきっかけは、15年ほど前に、恩師の小川博久先生（東京学芸大学名誉教授）から「これからの園内研修や保育研究は、ビデオを活用することが大事になる」「園内研修や保育研究に使用するビデオ記録は、保育者とクラスの子どもすべてを撮影する必要がある」とご助言をいただいたことです。

　そこで、まずは認定こども園あかみ幼稚園（佐野市）にご協力いただき、保育実践をビデオで記録し始めたのです。その頃は、私自身の研究に使用する記録だったのですが、小川博久先生のご助言にもあったように、保育者となるべく多くの子どもを視野に入れて撮影し、その動画記録から保育実践のあり方を検討してきました。そのなかで、特に保育者のクラス全体、子どもそれぞれを見取ろうとする姿勢が、子どもが安心して遊び込み、さらに安定したクラス運営にもつながっていくことが考えられたのです。

　そこで、このような知見を動画という記録を根拠として、保育者と学び合うことができれば、保育実践の質向上に寄与できるのではないかと考えたのです。そして、2016（平成28）年より、栄光幼稚園（当時、新潟市）において「お互いの保育を見合う園内研修」を始めることにしました。当初、保育者それぞれの保育を動画で記録し、同僚と見合うというこれまでに経験のない研修方法は、先生方の戸惑いも大きかったようです。それでも、なんとか本研修を続けていただいたことで、このような成果につながったのです。改めて感謝したいです。

　その後、いくつかの園でもおこなってきた「お互いの保育を見合う園内研修」は、すべてがうまくいったわけではありません。しかし、本研修を積み重ねていくことで、保育が改善され、質の向上につながっている、保育者が自信にしていると実感できることも多かったのです。その成果の一つが本書であり、ここに収録された26本の動画なのです。

　本書で掲げた保育者の援助のポイントのベースとなる保育理論を、大学院生の頃よりお教えいただき、また動画を活用することのきっかけを与えてくれた小川博久先生は、2019（令和元）年9月にお亡くなりになりました。本書での研究や保育実践の成果を小川博久先生にお伝えできなかったのは、とても残念です。保育の現場で、保育者や子どもの姿から学び、考えることの大切さや面白さを教えてくださったのも小川博久先生です。これまで長きに渡ってご指導いただけたことをこの場を借りて深く感謝申し上げます。

　また、本書の題材となった「お互いの保育を見合う園内研修」や「オンライン公開保育」

の機会を与えてくださった学校法人恵愛学園理事長の中村寛先生、副理事長の中村みどり先生、愛泉こども園副園長の中村知嗣先生、栄光こども園園長の増田幹子先生、恵泉こども園園長の石黒香代子先生、向山こども園園長の木村章子先生、茨城大学教育学部附属幼稚園園長の神永直美先生、港区立芝浦幼稚園園長の青山伸子先生、おだ認定こども園園長の石阪恒子先生、おだ認定こども園主幹の澤内かおる先生、学校法人中山学園理事長の中山昌樹先生、認定こども園あかみ幼稚園園長の中田幸子先生、大久野保育園園長の髙野泰弘先生、明日香保育園園長の竹内久美子先生、明日香保育園主任の松沼真紀子先生、出雲崎こども園園長の松延毅先生、出雲崎こども園主幹保育教諭の松延摩也子先生、羽茂こども園園長の松野敬先生、羽茂こども園副園長の石木むつみ先生をはじめをとする各園の先生方には、改めて感謝申し上げます。

　本書では取り上げることはできなかったのですが、動画記録の対象になっていただいた数多くの保育者の方々のご協力があったことで、このようなかたちで研究の成果をまとめることができました。本研修に参加いただいた保育者の方々、またご理解いただいた各園の保護者の方々にもお礼申し上げます。

　向山こども園副園長の木村創先生には、本書のコラム❼のご執筆をはじめ、本園内研修やオンライン公開保育の進め方について議論するなかで、数多くの貴重なご意見をいただきました。ありがとうございました。また、本書の作成にあたって、オンライン公開保育のカメラマンや議論に参加してくれた東洋大学大学院の院生である上石恭太さんにもお礼申し上げます。

　コロナ禍もあり、本書の作成スケジュールがたいへん遅れながら、このように完成に至ったのも、この7月より、毎週のように研究室まで足を運んでいただき、辛抱強く励ましてくださった中央法規出版第1編集部の平林敦史さんのおかげです。心より感謝申し上げます。

　最後に、本書の作成にあたって、家庭での役割をなおざりにしてしまい、そのなかでも応援してくれた妻と二人の娘にも感謝したいと思っています。

2023年12月

高橋健介

著者紹介

高橋健介 たかはし・けんすけ

東洋大学福祉社会デザイン学部子ども支援学科准教授。修士（教育学）。松山東雲短期大学、宝仙学園短期大学を経て現職。著書に『保育におけるドキュメンテーションの活用』（ななみ書房、2016）、『認定こども園における保育形態と保育の質』（ななみ書房、2017）などがある。

動画で学ぶ
保育における子どもの遊び
「遊び込む」ための
保育者の援助のポイント

2024年1月20日　　発行

著者　　　　高橋健介
発行者　　　荘村明彦
発行所　　　中央法規出版株式会社
　　　　　　〒110-0016 東京都台東区台東3-29-1 中央法規ビル
　　　　　　Tel 03(6387)3196
　　　　　　https://www.chuohoki.co.jp/

デザイン　　相馬敬徳(Rafters)
印刷・製本　　株式会社ルナテック

定価はカバーに表示してあります。
ISBN978-4-8058-8828-5

本書の内容に関するご質問については、下記 URL から「お問い合わせフォーム」にご入力いただきますようお願いいたします。
https://www.chuohoki.co.jp/contact/